自媒体
营销圣经

Crushing It!

加里·维纳查克教你成为幸存的 1%

How Great Entrepreneurs Build Their Business
and Influence—and How You Can, Too

〔美〕加里·维纳查克 著
Gary Vaynerchuk

罗琳 译

东方出版中心

图书在版编目（CIP）数据

自媒体营销圣经：加里·维纳查克教你成为幸存的 1%/
(美) 加里·维纳查克著; 罗琳译. —上海: 东方出版
中心, 2023.5
　ISBN 978-7-5473-2124-9

　Ⅰ. ①自… Ⅱ. ①加… ②罗… Ⅲ. ①网络营销
Ⅳ. ①F713.365.2

中国版本图书馆 CIP 数据核字(2022)第 249426 号

上海市版权局著作权合同登记：图字 09-2021-0242 号
CRUSHING IT！：How Great Entrepreneurs Build Their Business and Influence
and How You Can，Too，Copyright © 2018 by Gary Vaynerchuk.
Published by arrangement with Harper Collins Publishers
Simplified Chinese translation copyright © 2023 by Orient Publishing Center
ALL RIGHTS RESERVED

自媒体营销圣经： 加里·维纳查克教你成为幸存的 1%

著　　者　[美]加里·维纳查克
译　　者　罗琳
策　　划　刘　鑫
责任编辑　荣玉洁　刘　军
装帧设计　今亮後聲HOPESOUND 2580590616@qq.com·张张玉　白今

出版发行　东方出版中心有限公司
地　　址　上海市仙霞路 345 号
邮政编码　200336
电　　话　021-62417400
印 刷 者　上海盛通时代印刷有限公司

开　　本　890mm×1240mm　1/32
印　　张　10
字　　数　168 千字
版　　次　2023 年 5 月第 1 版
印　　次　2023 年 5 月第 1 次印刷
定　　价　58.00 元

作者有话说

　　为确保长度适中、内容精简、逻辑清晰,所有电子邮件节选和访谈都经过了编辑。

本书谨献给那些拥有远见卓识，认识到当下新数据时代赋予我们巨大机遇的人；拥有非凡勇气，以及不仅在生活中而且在工作中要求和追求幸福的人。

目　录

　　我 8 岁的女儿米莎想长大后成为一个 YouTube 达人。这并不奇怪，很多小孩看到父母做什么工作，就觉得他们的志向也该如此（除了消防员和动物园饲养员）。我女儿看我利用在线平台和人们交流，建立事业，她知道我有多热爱这份工作。于是理所当然地，她觉得自己也想做我做的事。

　　也许更令人惊讶的是，如果你问其他上学的孩子，他们想长大后成为什么，很多人也会说想成为一个 YouTube 达人。

　　建立个人品牌可能还不是小学职业生涯日（Career Day）的突出标志，但现在的孩子们都知道，制作 YouTube 视频，更新照片墙，发 280 字的推文，拍色拉布快照是一条行之有效的职业道路，有些甚至能带来名气和财富。他们梦想着成为一个备受追捧的网络红人，就像以前的孩子梦想着成为好莱坞巨星一样。不幸的是，除非他们本身就是创业者，或非常了解这一行，大多数父母对于这一职业抱负都会表示："啊?"更糟糕的是，有些父母会目光狭隘地批评道："这不是一份正经工作。"少数不理解，却面带微笑，温和地鼓励道："宝贝，真棒！放手去干！"甚至这样的父母私下都有可能不住地摇头，慨叹年轻人的烂漫无知。

这让我很沮丧。

显然，无论怎么看，第一种回答都糟透了。但所有回答都揭露了，我们对自己如今生活的世界一无所知。在这个世界里，一个 11 岁的孩子和他的爸爸可以通过创建一个 YouTube 频道，分享将东西切成两半的线上视频，而摇身变为百万富翁。

我知道这将是事物发展的趋势。对于像我这样一向言论浮夸的人，讽刺的是，我所说的最有先见之明的一句话也许是我一生中最轻描淡写的一句话：

我的故事将会变得司空见惯。

我在我的第一本商业图书《出击！》①里第一次提及这句话时，米莎还是个小宝宝。我在书里回忆了我如何利用互联网发展个人品牌，如何将家族企业从价值 400 万美元开拓至 6 000 万美元。当时，我的策略既简单又莽撞：我直接通过未经雕琢的视频博客和潜在的顾客交谈，在推特和脸书上同他们建立关系，邀请他们直接进行一对一交流，这只存在于上个世纪联系紧密的小群体和社区的商人与顾客之间。到 2009 年我撰写那本书时，我已经把我的初心——红酒和销售，拓展为全方位的目标——创建公司。我当时满世界地

---

① 《出击！》（*Crush It!*），中文版于 2011 年 7 月由中华工商联合出版社出版，书名译为《我用博客赚了 6 000 万》。——编辑注

跑，向每个愿意倾听的人传播消息：虽然大多数公司和企业领导者还将脸书①、推特②、YouTube 这样的平台看作浪费时间的无用之物，但实际上，它们才是所有企业的未来。现在看来似乎不大可能，但当时数字革命始露苗头，我不得不给这些平台下个定义。我花了大量时间去解释，脸书是一个线上网站，你可以在上面分享文章、照片、你的感触和想法，推特和它很像，但全部内容一直都对外可见，当时内容长度还限制在 140 字。个人品牌？没人知道我在说什么。放到现在，这让人难以置信，但在不到 10 年前，除了少数几个头等人才，还有人能真正通过社交媒体建立事业，简直是痴人说梦。

我现在经营着一家大型数字媒体公司，在纽约、洛杉矶、查塔努加和伦敦都设有办事处。我依然在推特、脸书、照片墙、色拉布和其他能吸引关注的平台上和人们互动。我依然受邀到世界各地进行演讲，而且通过我的 YouTube 商业问答节目"问加里·维"（AskGaryVee）、每日视频纪录片"每日维"（DailyVee）、关于开发应用（App）的苹果真人秀节目《应用星球》（*Planet of the Apps*）里我的角色，还有你手中捧着的这本书，我接触到了成千上万的人。我比以往任何时候都更努力，更有影响力，也更快乐了。

但我只是一个平凡人。

时至今日，数百万像我一样的人使用互联网建立了个人品牌、

① 　Facebook，美国社交网站，国内一般译为"脸书"。——编辑注
② 　Twitter，美国社交网站，国内一般译为"推特"。——编辑注

兴盛的企业，拥有了属于自己的生活。那些真正出击的人已经抓住了成人世界里的发财机会——围绕他们热爱的事物建立有利可图的事业，进而激励他们每天做自己想做的事情。回到 2009 年，这个"事物"可以是自制的蜜饯或定制的树屋，今天它还囊括了当妈妈、变时尚、拥有不同寻常的世界观等抽象概念。换句话说，你可以利用你的个人品牌——你自己——来营销你的事业，或者说，你的个人品牌就是你的事业。社交名流、名人后代和真人秀明星已经依样画瓢了好多年。现在轮到你们去学习如何变现自己本来免费在做的事情了。

自我写《出击！》以来，很多事情都变了，但惊喜的是，还有很多事情没变。任何一个经常关注我的人都知道，我做主旨演讲的前十分钟可以快进，因为我只是以过去近十年以来几乎一样的方式，重复讲述我的人生体验和世界观。不过，那十分钟一旦结束，你永远都猜不到接下来我会讲什么。这就是我要在这本书中分享的东西——每六到八个月就会改变的那部分主旨，因为六到八个月是平台发展的频率。我想让你了解到最新的资讯，学会如何最好地利用网络平台，打造一个强大持久的个人品牌。

你在读的这一本书和我的第一本书最大的不同在于：我并不是这本书里唯一的声音。我想要给你介绍其他遵循《出击！》的原则建立个人品牌并取得惊人成就的创业者们。其中有些已经扬名国际，有些还在奋力追逐。他们全都非常热爱生活。虽然每个人都是独一无二的，但我相信，看到他们和你并无两样，你会感到很放松，很高兴。我又不认识你，怎么能说得这么斩钉截铁？因为他们（还有我）成功的秘诀，与他们来自哪里、认识谁、在哪里上学、入了哪一行没有半点关系；有关系的是，他们欣赏这些可自由操作的平台，并愿意尽一切努力运用这些社交工具，发挥它们最大的潜力。而这，我的朋友们，也是我能教你做的。

但是，对我有用的东西不一定对你有用，反之亦然。这就是为什么自我意识如此重要——你必须永远忠实于自己。我能给你的是一套通用的原则。我们会剖析当前每一个主要的平台，那样你们无论是水暖工（你的支柱应当是脸书；详见第 231 页）还是公园巡逻人（你的是 YouTube；详见第 209 页），都能清楚地明白哪个平台可以用作你的支柱内容，该怎么使用其他平台来扩大你的个人品牌。我们会剖析主宰当今商业世界的社交平台。我在《出击！》里讨论过其中几个平台，但它们都改进了，现在有更好的办法来驾驭它们。我会提供理论和战术上的建议，指导你们如何在推特、脸书、YouTube 和照片墙这样的老字辈，音乐吧这样的后起之秀，还有声田、声云和 iTunes 这样的语音中心平台站稳脚跟，发展壮大。已经在这些平台上运营了一段时间的人，会发现一些有用而鲜为人知的细微差别、创新技巧和聪明的调整，这些方法已经被证明了能够改进久经考验的常见策略。

如果你多年来一直密切关注着我，你觉得你都懂了，那么请你再考虑一下。每年和我交流的人成千上万，相同的问题我听了一遍又一遍。如果那么多人都还没有完善他们的技巧，那么很可能你也没有。今天也许就是你"领悟"那一点关键信息的时候，无论牵绊你脚步的是什么，它都能帮你一举攻克。本书的几个受访者都说他们读了好几遍《出击！》，企业家和播主约翰·李·杜马斯每年都要重温一遍。《出击！》只有 142 页，并不难懂，杜马斯不至于花了一个多小时都搞不清楚要点，但他承认，直到听了三遍有声书，他才终于明白我说的"个人品牌"是什么意思。灵光一闪的那一刻，引领他创建了日更播客"激情创业者"（Entrepreneurs on Fire），专门采访美国最鼓舞人心、最具创新精神的创业者。如今他的节目是 iTunes 上排名最高的商业播客之一，每月收入约 20 万美元。我之所以知道这个，是因为他在自己的网站上发布月度财务报表，并在播客中分享自己的支出细节，这样其他创业者就可以学习他的聪明举措，规避他犯过的错误。

和往常一样，我要对你们开诚布公：即使你吸取了书中的每一个教训，遵守了每一条建议，大多数读了这本书的人都不会变成百万富翁。不要停止阅读！本书的受访者没有一个预料得到自己会变有钱，他们变有钱是因为他们超级擅长自己做的事情，还该死地非常努力，以至于没人能追赶得上。大多数人一开始都只是抱着微渺的希望，想着挣点小钱，享受享受生活，稳定下来，能养活自己和家人，自食其力罢了。实现这种程度的富有，你不需要太有钱。但谁知道呢，也许在实现目标的过程中，你和约翰·李·杜马斯，还有他的同事一样，发现自己有成为百万富翁的天赋和营销头脑。要找到答案，只有一种办法。不管怎样，你都赢了。将一块毫不起眼的金属锻造成精巧细致的工艺品，需要经受压力和烈焰炙烤。这本书记录的都是浴火重生之人的灵感和建议。让他们指引你，看看你有能力成为什么样的人。

想想路易·布拉卡（IG：@Louie Blaka）的经历吧，他在一封电子邮件中解释了自己是如何将直觉和热情投入到工作中，实现了从美术老师到当红艺术家的蜕变。

我是一名高中美术老师，但我心里却住着一名优秀的艺术家。三年前，我决定为我的艺术事业放手一搏，辞去了朝七晚三的教学工作。我的艺术作品行情不错，但没有达到我的预期。我心里有点沮丧，却没有放弃。两年前，我听了《出击！》，它让我放远了眼光，而不是只关注画卖得怎样。我发现红酒和绘画课程风靡全国，于是我问自己，我有一个实实在在的教育学学位，还有专业艺术家的经验（啊！），为什么不开设这些课程呢？于是我听从了你说的在社交网络营销的建议，为我的母校蒙特克莱尔州立大学免费开设了一节关于红酒和绘画的课程。我在照片墙上发布了一张活动照片，便开始接到了预订课程的咨询。我首先开了一个 10 人的班，一个班大概持续两三个月。现在我一个月至少开三个班，下一期我计划招收 100 人。我在市场营销上一分钱都没花，所有的东西都是通过照片墙和口碑宣传的。作为一名艺术家，我可以通过红酒和绘画班的客户来推销自己的绘画作品。我把课堂上所有没有使用的材料或"废料"收集起来，用到我的个人艺术作品中。

从一幅画只能卖到 200 美元，到去年 9 月在纽约大学的咖啡节拍卖出一幅 1 300 美元的画，我已经有能力发展自己的艺术家事业了。从一场大学校园里不足 10 人的免费活动开始，我开创了自己的红酒和绘画事业，希望明年销售额能达到 3 万美元（我知道这并不算多，但对于一个全职教师和艺术家来说，这已经是个天文数字了）。

YouTube 和照片墙的爆炸式发展、播客的出现、脸书和推特等平台的普及，将我们带到了我 9 年前预测的临界点。你已经拥有了可以改变未来、建立强大个人品牌的工具。如果你进入这个领域已经有一段时间，但还没有到达你想要的位置，这本书将会解释为什么。如果你排在 D 列，目标是到达 A 列，我可以拉你一把，让你爬上那个梯子（我很同情——因为我在 Z 列待了很多年，很清楚底下是怎样一番光景）。如果你一直在找借口，你会暴露出来的。在这种情况下，你可以停止折腾，去实现你原本打算实现的目标，或者干脆承认你实际的成功与你最初设想的不太一样。

看，这本书有两类读者。第一类是那些深知自己生来就是要干一番大事的人。天生的创业者应该找出自己需要的全部信息，改进目前的努力或开始制订自己的计划。第二类是那些想要工作的人。这里指的不仅是年轻人、技术型人才。也不仅是那些事业有成的专业人士；或那些因为已经超越了自己的行业，甚至更糟——因为自己的行业正在萎缩，而寻求自我革新的人。建立个人品牌符合每个人的最大利益，即便他们对致富或成名没什么兴趣。你不懂电脑？那就学习你需要的计算机或技术技能。这并不难，本书的许多受访者和你一样，没有什么操作计算机的经验。为防你没有注意到，容我提醒你，没有一份工作是特别稳定的。想象一下，假设你意外地除了时间，什么都没有，身边又正好有样东西，可能让你发家致富，那多有安全感（详见第 129 页帕特·弗林）。绝望会是一个很棒的激励因素，但如果你提前做好计划，就永远都不用体会这种感觉，压力就会小得多。

如果你正为过上自己想要的生活而赚钱，并热爱当下的每一天，你就是在全力出击。我希望你能做到的就这么多。我想起了我的几个发小，他们喜欢玩电子游戏，却被爸妈逼着戒掉了，因为游戏太新鲜、太可怕，分散了他们学习的注意力。这些孩子长大后也许会过上体面的生活，但自己不得不忍受讨厌的，甚至痛恨的事情。要是他们的父母能看到世界发展的趋势，那该多好。也许为了讨好爸妈而成为律师的那个孩子，在当了电竞①推广员后，挣到了同样多的钱，或成了一个专业的电竞玩家，收入几百万呢。不管走其中哪条路，这个律师都会过得开心得多。

当增强现实（AR）游戏将成为未来几代人的热门话题时，父母们正试图让孩子们远离精灵宝可梦 Go②。他们认为自己的女儿应

---

① 电竞（eSports），电子竞技赛事。——译者注（除特殊标注外，本书注释均为译者所加。）

② 精灵宝可梦 Go 是由 Nintendo（任天堂）、The Pokémon Company（宝可梦公司）和谷歌 Niantic Labs 公司联合制作开发的增强现实（AR）宠物养成对战类 RPG 手游。

该少玩泥巴，多做代数。做泥[①]可能会风靡一时，成为某个女孩在照片墙上了解供需动态的渠道，并指引她创立价值百万美元的个人品牌和公司。但让人抓狂的是，她不是捷足先登的第一人，卡丽娜·加西亚才是。她以前是个女招待；现在她是一个成功的 YouTube 明星。你猜对了！她就是因为做泥而走红。她有多成功？她每个月的收入可达六位数，父母都可以退休不干了。[1] 2017 年 8 月，她在 7 个星期里周游了 14 个城市去和粉丝见面，人们要支付 40 到 99.99 美元购买贵宾卡。[2] 这样的故事变得稀松平常，说明了我们为什么要赋予孩子们尽可能多的自由，让他们做自己热爱的事情。因为在他们的世界里，一说到要过上好日子，成为一个大明星，没有什么是不可能的。小时候，我的成绩清一色都是 D，上课偷偷看棒球卡片目录，还被老师逮到过，所以我很清楚自己有多大的能耐，人人都说："你一定会是一个失败者。"但今天他们会说："你会成为下一个扎克伯格。"说到职业机遇，人类历史上没有比这更好的时机了，我不想任何人浪费它。

如果你从本书中收获到了任何有价值、有帮助的东西，我希望你能送一本给你所关心的、不满意当前工作或职业的人。如果你是父母，请送一本给你的孩子，眼下他们对自己想干什么、成为什么样的人充满了想象。我这么说，不是因为想卖出更多书，你可以在

---

① 做泥（Slime）是一款玩法非常独特的捏泥游戏，玩家可以将不同颜色的软泥捏成不同形状。

图书馆里随便找一本，我不在乎。我想的是让大家都发现这些存在的机遇，如此一来，那些正在纠结、痛苦或害怕的人就有方法可以寻求改变。如果你关心你身边的人，你自然会希望他们快乐地做着自己热爱的事情。人生苦短，生命的短暂和叵测让我恐惧。但人生也长，一个 50 岁的人仍然可以憧憬未来那 40 甚至 50 年奋斗的时间。我们应该为了自己，为了我们深爱的人，尽可能每天都过得充实和开心，因为我们总想和彼此分享最好的自己。人生有太多不可控因素，但我们的幸福和我们的事业并非不可控。我们可以牢牢地把握全部控制权，一点都溜不走。我们越早意识到这一点，我们的生活就会过得越好。

我无法让你变得更有创造力，但我希望我能让你养成一个正确的心态，这样当你准备释放那种创造力的时候，你就能成功。经常有人告诉我们，你必须做出选择——要么安定下来，为了赚钱而忍受某种事物，要么明知道赚不到钱，还要追求心中的激情。始终有人固执地认为很少有人会热爱自己的工作。这是胡说八道。当我们看清楚当今的数字环境，就会明白，我们的选择和机遇一样，都是无限的。我们只需要找到踏出那一步的勇气，付诸行动就好。你将会听到很多人的故事，像你一样，他们曾觉得害怕，肩上背负着责任，还有人说他们太愚蠢、鲁莽、不负责任、不成熟。但无论如何，他们豁了出去，并收获了回报。如果说这本书会教给你什么，那就是，唯一能够阻止你打造持久事业、实现人生幸福的，是你自己。

I

PART 1　发布！发布！发布！

一 | 路在自己脚下

创业者就是寻路者。

——肖恩·"肖都拉斯"·麦克布莱德

我的第一本商业书《出击!》承诺要指导创业者们变现他们的激情,通过社交媒体建立一个强大的个人品牌,吸引客户和广告商进入他们的网站,将他们自己转变为值得信赖的专家或娱乐人物,让品牌和渠道愿意付钱请他们访谈、提供咨询和出席活动。换句话说,一切目的都是围绕你的事业建立一个强大的个人品牌,强大到让你成为一个网红。但是,"网红"这个词并非昙花一现的概念。时值几十亿美元的网红营销行业以前不过是个新兴产业,2009年该书出版时,这个概念还没有具体化。然而今时今日,网红营销已经伺机攫取了传统营销的大量份额。年轻的消费者在传统媒体上花费的时间越来越少,在线上内容花费的时间却越来越多。

▶ YouTube 每日点击率接近于电视每日收视时长的 12.5 亿

小时，且电视的收视率正在逐年下降。[1]

▶ 人们使用移动设备的每五分钟里，就有一分钟花在脸书的应用程序和服务上。[2]

▶ 照片墙上每分钟发布的视频和照片高达 65 900 次。[3]

▶ 色拉布上每天创建的快照超过 30 亿张，音频播放的广告超过 60%。[4]

因此，自 2009 年以来，各大品牌在社交媒体上的投资暴涨三倍。[5]社交网络数量激增，任何人都可以利用它们聚集受众，同时，大量的资金被转移到这些社交网络上，网红营销已经变成了理所当然的赚钱方式，任何人都可以通过创建线上身份来赚钱，这意味着几乎所有人都置身于生意场中。

这种赚钱方式有多理所当然？2016 年，点击率最高的 YouTube 达人总收入高达 7 000 万美元。[6]很多人走固定人设——比如说，有些是游戏迷——但莉莉·辛格是一个说唱喜剧演员，她的视频具有浓厚的旁遮普①文化特色，罗莎娜·潘西诺是一个面包师，泰勒·奥克利是一个支持性少数群体（LGBTQ）的活跃分子。过去点击率最高的 YouTube 达人还有小提琴舞者林赛·斯特林和化妆师米歇尔·潘。[7]最受欢迎的照片墙达人每年单凭经营社交媒体就能获得 7 位数的收入。[8]一个入门级的照片墙达人，即便只有一

---

① 旁遮普（Punjab），南亚民族之一，主要分布在巴基斯坦的旁遮普省及印度的哈里亚那邦和旁遮普邦。——编辑注

千名粉丝，一周只更新两次，每年也能挣到 5 000 美元，而拥有一万粉丝的照片墙达人，一周同样只更新两次，一年能挣到将近 2 万美元。想象一下，如果那个照片墙达人更新的频率更高，收益会是多少？让我们动动脑子：美国上班族的平均工资约为 5.1 万美元，[9]做办公室经理可以赚那么多，把自己最大的爱好发展成事业，也可以赚那么多。你不愿冒险？那么你可以继续做你的办公室经理，回家后，再凭借高超的游戏操作，每年在推特上多赚 1 万美元，让人们看你玩你最喜欢的电子游戏，发表他们的评论。你还可以利用 YouTube 分享一些超级酷的科学实验，在照片墙上发布你的刺猬萌宠戴小帽子的照片。这些平台不断地增长，电视、杂志的受众不断地向互联网迁移，这为更多专家和个人创造了一个可收益、可持续的生态系统，从而促进他们的主业，甚至是副业的发展。

比如，当下也是时装模特的黄金时代。曾几何时，能在时尚杂志横贯两版，在 T 台上摇曳生姿的超级大腕寥寥无几。大部分不温不火的人在出版物和电视上搞商业代言，混个脸熟。剩下的处于底层，靠拍图片和促销传单勉强度日。但是，互联网已经敞开了一扇机遇的大门，任何人只要愿意，都可以通过博客和视频迅速积累粉丝基础，吸引成千上万紧盯着市场、想要投资的品牌。这些品牌想利用品牌化的内容和广告来包装颜值高、影响广的时尚达人。不仅如此，那些颜值逆天的人，哪怕是在特定的角度和滤镜下才好看的人，都不用成为模特，就能赚钱了。人们对社交媒体日益关注，这种巨大转变意味着，好看的人不必再依靠杂志、人才中介或任何人，就能靠颜值吃饭。他们可以在自己的平台上每天发些美照，同时和稳定增长的受众保持互动，那些品牌自然会来摇尾乞怜求曝光。不信？问问布列塔尼·泽维尔[①]啊（详见第 256 页）。

我们通常把网红定义为：一类在社交媒体上拥有庞大的粉丝群，品牌愿意付钱给他们参加活动、拿着产品自拍或推销服务的人。各大品牌为了成为网红的代言人、赞助商、推广人和产品投放者，往往要投资数十亿美元。在 YouTube 和照片墙上植入产品司空见惯，但痴迷于摩托车的博主或热爱树莓果酱的播客并不上镜，魅力也不够大，无法经常更新自拍和视频。他们会觉得自己的领域较受局限，销量不高，展示空间也不大，因此影响力和收益流很难增长。我告诉你，此言差矣。你只需要有技巧地灵活运用你的媒体内容。听着，我写的书，在国内外的演讲，都是有报酬的。我赚的钱够多，可以做未来持续产生收益的那类投资。然而，如果一家能量饮料公司让我念台词——"喝这个，就是我每天工作 18 个小时的秘诀"，这种钱我肯定不赚。

我是一个创业者，成立了一家媒体公司，市值 1.5 亿美元，这部分得益于我创立的个人品牌。我率先打造了有价值的品牌内容，提高了影响力。这是成为网红的唯一办法。无论如何，放手做吧，日常接广告就能赚钱了，比如，卖广告位给方糖公司。等事业起步后，在你的桌面上放一块方糖，都能到手 1 万美元。但看在上帝的

---

① 布列塔尼·泽维尔（Brittany Xavier），洛杉矶网红博主，照片墙上的红人。

分上，别这么容易满足，你才刚刚起步。不要只见树木，不见森林，你永远不知道你的生意能做多大。有多大呢？互联网是创业者的天下，你可以利用这一大好河山创立个人品牌，让品牌壮大到整个世界都心甘情愿地掏钱买你的产品和服务，推销别人的产品和服务，甚至单纯掏钱给你，挂上你的名头，他们都心甘情愿。在我看来，这时你才真正成了一个网红。到了这个高度，网红营销称得上是 2.0 版真人秀。我想让你把自己看作冉冉升起的一颗新星。

你们创业，跟经营有机培根奶酪品牌没什么不同，那个品牌还卖切达奶酪饼干和鸡肉面条汤，它并不专卖有机培根奶酪，它主打的是有机安慰食品①。比如一位准妈妈开创了怀孕播客，写了一本关于养育孩子和缓解焦虑情绪的书。比如一个家常厨子在照片墙上分享精美的照片，开了个罐头播客，受邀在一家全国性的杂志上写城市园艺的专栏。比如一个开了葡萄酒博客的男孩，他的博客上也不全写葡萄酒，博客只是一个途径，向企业展示自己出色的沟通和销售技巧。那位家常厨子的照片墙并非单纯记录食物，更多的是在健康生活方式领域打造她独特的影响力。准妈妈记录怀孕的播客只是她为人父母的日常点滴。

有了个人品牌，你想要的都应有尽有。个人品牌在当今商业世界中极其重要，这意味着不一定要颜值最高或最上镜的人才能当明星；越来越多人得以进入这个领域。这也意味着，想要成为网红、

① 令人心情愉快但可能无益健康的食品。

抢占制高点，大多数创业者仍"路漫漫其修远兮"。我一直在观察，很多创业者即使拥有更大的权利，却总故步自封，困在自己的领域中，这让我很震惊。

让我们假设你是推特上炙手可热的网红，如果有一天你发现自己厌倦了推特，你该怎么办？如果推特倒闭了，你又该怎么办？如果你是国内最受欢迎的养蜂人，却无端对蜜蜂产生了致命的过敏反应呢？超越目前的成功，不断寻找新的途径，这样你才永远不会局限于任何一个平台，甚至任何一个话题，这是一个事关生存的问题。怎样才能做到？那就要创建一个超越平台、产品甚至你的激情的强大个人品牌。

举个例子，文化偶像朱莉·安德鲁斯①是个面颊绯红的女星，*她曾主演百老汇音乐剧《卡米洛特》和好莱坞影片《音乐之声》《欢乐满人间》。高昂的女高音塑造了她的职业生涯——甚至整个身份，使她得以家喻户晓。"我想……我的声音代表了我这个人。"[10]大约二十年前，她做了手术，切除了声带上的癌前囊肿。等她醒来后，那个囊肿消失了，可是她的声音也一并消失了。但因为她是朱莉·安德鲁斯，她的职业生涯并不会因此终结。自那以后，她写过几十本儿童读物，出演了系列大片《公主日记》，最近联手汉森公司，在奈飞（Netflix）公司启蒙学龄前儿童的艺术系列中担任编剧和主演。

---

① 朱莉·安德鲁斯（Julie Andrews），英国女演员、歌手、舞蹈家及戏剧导演，多部畅销儿童读物的作者。

* 我敢打赌，你不知道我喜欢百老汇。（标 * 的注释皆为原文注）

　　奥普拉不仅仅是个脱口秀主持人。穆罕默德·阿里不仅仅是个拳击手。道恩·强森不仅仅是个摔跤手。一个强大的个人品牌是你实现个人自由和职业自由的入场券。我希望你成为你那一行中的朱莉·安德鲁斯或穆罕默德·阿里。当然，要做到这一点，你必须有过人的天赋。但是，与这些名人不同，你不需要代理人把你举荐到伯乐那里才能赚钱。回到 2009 年，一个写段子的推特喜剧演员，就算积累了成千上万的粉丝，也只有在被创意艺人经纪公司签下，专为大卫·莱特曼①提供段子后，才能真正地赚到钱。然而，今天，你不需要专门为别人写段子，只要 M&M's 品牌的制造商——玛氏公司——愿意付 1 万美元来买你为 M&M's 创作的段子就行。你不需要把资料卖给电视网来赚大钱。请记住，在 2009 年，手机还只是手机，看不到电视和电影，拍视频还得切换摄像头。而如今时代变迁，互联网成了终极中间商，每一个行业，音乐、出版也好，出租、酒店也好，都可以直面消费者。色拉布、照片墙和脸书是当今的 NBC、ABC 和 CBS②。你的听众在等着你。你需要做的是想办法建立下一个帝国。

　　2009 年我曾试图告诉你们，网络世界可以让你赚钱，让你一炮而红，融入主流——假如这确实是你的最终目标的话。如今，互联网就是主流。你完全可以掌控世人对你的看法，控制自己露面的频率和场景。社交媒体达人约翰·"胖犹太"·奥斯特罗夫斯克在娱

---

　　①　大卫·麦克尔·莱特曼是一名美国脱口秀主持人、喜剧演员、电视节目制作人，主持深夜脱口秀《大卫牙擦骚》。
　　②　美国三大广播公司之一。

乐圈混了很多年了，他大学时就和一个唱片公司签了约，在 E! 新闻网上主持一个名人访谈节目。虽然他的喜剧人设和行为艺术深入人心，但是，直到他在照片墙上积累了 50 万粉丝，他才有资本出版自己的书籍，创立自己的啤酒品牌，才能接真人秀节目（上完节目，他在照片墙的粉丝就飙到了 1 000 万）。知名的电影制片人凯西·纳斯塔特早在 2003 年就开始制作在线电影了，但他还是靠在YouTube 上发布的高质量短片和富有创造性的每日 vlog，吸引了 800 万铁粉，才得以巩固自己的个人品牌。有了这些观众，他才能将自己的公司以 2 500 万美元的高价卖给美国有线电视新闻网（CNN）①，并推出一个新项目，缩小口味刁钻的年轻观众和主流新闻媒体之间的"巨大鸿沟"，一跃成为 2017 年奥斯卡颁奖典礼期间所播三星广告的代言人。[11]

人人皆可打造个人品牌

对于富有创意的人而言，通过社交媒体战略性地开发个人品牌是绝佳的选择。众多摄影师、艺术家和音乐家都认同这一点。我为此书征求灵感时，他们都主动提出要分享他们的故事。然而，任何人想要深耕任何行业，都可以采用这个办法。你不必再顶着他人的头衔或标志，默默地埋头苦干，等到资历够高，才谋求创业。当然，在迈出创业这一步前，你可以不断地储备知识、阅历和资本，

---

① 美国有线电视新闻网（Cable News Network，CNN）。

很多人确实是这么做的。本书的几个受访者表示，他们在以前的工作中——即使是讨厌的工作中——获得的经验和技能，都对他们成功创业至关重要。举个例子，丹尼尔·马克姆和他儿子一起主持YouTube 的"切割狂魔"（What's Inside）频道。

> 我曾做过销售代表，奇怪的是，学习如何说服医生购入特定的药物，教会了我如何做一个 YouTube 达人。以前我经常会和其他代表一起不断地练习。我从来都没有拍过视频，但我觉得对着摄像机说话，就好比和其他的药物销售代表讨论，或在医生面前宣传一样。所以，我的工作经历确实很有帮助。我早就打定主意要创业，想拥有自己的事业。但是我读书时勤勤恳恳，工作后又兢兢业业，孜孜不倦地学习如何成为一个销售代表，还要兼顾日常的琐碎事情。其中既有失败，也有成功。最后，一切终于不谋而合了。
>
> 我今年 37 岁了，从 19 岁起，我就一直在做销售，努力提升自己。这么多年了，我才在销售中找到了人生的方向。但现在我觉得，我终于抵达了梦想中的目的地。这种发展实在太疯狂，但我喜欢。

不走寻常路，不也很酷吗？打个比方，你是一个想要成为养蜂人的项目经理，明天，是的，明天，你会创建一个主打自然的播客，发布一些富有洞察力、创新性的幽默博文，提高你在蜜蜂之外领域的知名度。接下来你可以开始制作一些科普视频，或者写一本关于创业的书，确保你的知识可以传递给下一代养蜂人。

与此同时，你分享重要资讯，拓展个人品牌。《动物星球》可能会请你去主持一期特别策划，《国家地理》也可能打电话说他们想出一期专题栏目。随着你的个人品牌成长，你可能会开发蜂蜜调味糖、润唇膏、菱形糖果和酸奶的专属配方，或者发明新的杀虫剂和皮肤保养品，设计品牌购物袋和园艺材料，甚至可能在照片墙上收到时尚模特卡莉·克劳斯的私信。原来她热衷蜜蜂文化，而你俩带标签的自拍不仅可能将你的图书销量从 300 本提高到 3 万本，还可能为你的职业生涯开启新篇章。真是鸿运当头！利用当今的社交媒体平台发展你的品牌，扩大你的影响力，你可以开拓一个就算从此再也不做蜜蜂生意，也能继续成长的事业。

这只是一个假定的例子，但是在接下来的内容中，你会读到很多真实的案例。本书谨献给所有运用"出击！"原则取得巨大成功的人们。我希望你们看完案例后能有所收获。其中有一些受访者是我的朋友；此外大多都是随机抽取的，他们接受了采访，选择和你们分享自己的体会。我们听到了很多鼓舞人心的创业故事，要从中做出选择，非常艰难，我希望我们能把每个找上我和我的员工的人都列为主角，但全书篇幅实在有限*。我们听到了很多精彩的故事，

  ＊ 因此我们创建了一个名为"出击！"的媒体页面，在上面发布创业故事，为运用"出击！"原则取得个人和事业成功的人们庆贺。详见 https://medium.com/crushingit。

有艺人的、健身专家的、时尚博主的，当然，还有营销顾问的，你们可能觉得后者在社交媒体上都如鱼得水。在众多行业精英中，我们也听过牙医的、理财规划师的、狗狗训练师的、乐高会议规划师和自动注油器企业老板的创业故事。许多人都是年纪轻轻就单打独斗，但也有些人已经有了孩子，才决定加倍努力，奋起直追。有几个放弃了高薪工作，致力于实现自己的激情。这说明了，如果你迟迟没有迈出那一步，并不是因为你年纪太大了，太穷了，或肩上负担太沉，只是因为你犹疑不决，无法下定决心。你在找借口，比如"加里嘴上说得轻巧，但这几乎不可能实现"。这并非不可能实现，你也不能畏首畏尾。创业确实需要冒很大风险，它会占用你所有的脑力、时间和娱乐。**很长一段时间你都会看不到出头之日**，但我保证，这些牺牲都是值得的。我也保证，只要你成功地建立了一个强大的个人品牌，你想怎么享受就怎么享受，因为你的生活完全由你做主。

不过，别指望书里会有什么九步成功速成计划。我总结不出来。我说的原则都具有普适性，而路在你们自己脚下。我会举例说明如何运用这些平台，那些分享创业故事的受访者也会。但案例就是案例，不是章程。你可以按我的方式做，也可以按你的方式做。以全力出击的气势开拓自己的人生道路，不要墨守成规。你只需要选择，并做出实际行动。我真的厌倦各种借口。为什么不另辟蹊径呢？乐观点，耐心点，闭上嘴巴，开始做事。

最令人兴奋的是，在我们所处的商业世界，一切都方兴未艾。

想要成功，平台大得很。但难以置信的是，对这些新兴平台，你们当中的许多人似乎仍瞻前顾后。你不想浪费自己的时间，生怕那只是又一个转瞬即逝的风潮，但你又很好奇，为什么你使劲追赶的网红比你成功得多。这种脱节不正好能让像你这样的企业家抢占先机吗？现在的机会比以前更多了，你可以利用自己的激情赚钱。抓住时机，占据地盘，加入《出击！》大家庭吧！

我如何全力出击

艾米·施密特，聪明人懂交际
IG：@SCHMITTASTIC

艾米·施密特是婚礼前最后一个被选作伴娘的人，这却在网上引起了轰动。那是 2007 年，虽然她最后才被选为伴娘，但她想成为最受欢迎的那一个，便思考：自己能做些什么来让新娘感到惊喜呢？于是她想出了一个办法，那就是与其他伴娘一起录视频。她录得很开心，并确信新娘会很喜欢这个主意的，但直到在排练晚宴上播放出来，她才意识到视频媒介的力量。新娘并不是唯一为视频哭泣的人，整个房间的人都感动得流下了眼泪。

"我立刻上瘾了。我喜欢讲故事，喜欢带动观众的情绪。视频能同时牵动所有的感官。"

艾米为婚礼制作的视频刻录在 DVD 上。然而，她兴奋地发现了还有在线平台这种新兴玩意儿，在上面可以上传、分享视频。她开始拍摄生活点滴，自学如何剪辑，并传到 YouTube 上。由此，她得以输出自己的创意。

同时，她正在俄亥俄州立大学主修政治学，她想到自己以后可能要上法学院，便设法在一家律师事务所找到了一份理想的工作，在那里她参与了游说、筹款和公共政策等事务。她作为一个视频博主，同时懂得如何教人弄清楚脸书网页上的隐私设置，逐渐为网友们熟知。这些技能在硅谷显然微不足道，但在俄亥俄州是不同凡响的。住在西海岸的朋友们提醒她，管理社交媒体可以转为正经工作。她若有所思：这能赚钱吗？

就在那时，她搞起了副业。下班回家，有时甚至晚上 7 点了，她还要为自己的自由职业忙活。她一开始接触的那些小企业早就被脸书和推特账户上的文案搞得头昏脑涨，现在又有人告诉他们，还得制作视频？他们可不想听到这些。艾米意识到，要让这些小企业认真对待她的提议，唯一的方法是说服它们相信社交的重要性。她接到了她的第一个客户——当地一家可持续食品杂志。她发邮件向这家杂志解释，虽然自己没有正式的社交媒体经验，但她确信自己可以帮他们拓展业务。**噢，她愿意无偿工作。**如此一来，没费多少工夫，他们就接纳了她，作为杂志的社交媒体经理。

她在律师事务所全职工作了三四个月，同时还兼顾着副业。那时同样来自俄亥俄州的刘易斯·豪斯想要约她见面，当时他正努力在领英① （详见第 38 页）混出名堂。他不是因为她替那家可持续食品杂志的宣传而发现她的，他注意到了她在 YouTube 和其他社交媒体网站上发布的照片和视频博客，想要进一步了解她。2010 年春天，他们吃着汉堡，简单地见了一面。他给了她两条建议去聚集付费客户：

1. 去拉斯维加斯参加新媒体会议"博客世界"，在那里，博客、播客和视频内容创作领域的精英们齐聚一堂，讨论他们的技能和业务。

   进场不是个问题。那家杂志已经帮她买了一枚徽章。

2. 读加里·维纳查克的《出击！》。

这也好办。艾米去图书馆借了一本，读完后，她就知道自己不会成为一名律师了。

如果我不知道我能变得如此强大，把副业发展为成功的事业，我会开开心心地干一辈子这个副业，但《出击！》让我得以想象我的未来。我一直以为我必须首先打造一个声名显赫的公司，才能联合其他企业。我不够自信，没发现自己其实已经得到了瞩目，受人咨询，被人信任，成了一个小有名气的行业

① 领英（LinkedIn），全球最大职业社交网站，是一家面向商业客户的社交网络。

领导者，通过发布的生活视频，我已经发展了自己的个人品牌。

　　这让我意识到，个人品牌对于创业有多么重要，而我在不知不觉中，已经做到了！所以，也许我比我想象的要领先！原本我只是把录制视频、在摄像机前侃侃而谈当作乐事，也许我可以利用这件我相当了解的乐事，面向特定人群，精心创作内容。当时，我已经明白了自己要做什么，而那是我唯一真正需要全力以赴的事。

现在她明白，她不仅仅把社交媒体管理当作网络世界的消遣而已。她将继续制作 vlog，发展个人品牌咨询。她要让世人看到她的价值。

　　显而易见，无偿工作是一种贬低自己的行为。但我觉得，这一行业从一开始就不被看好，它导致我对自我价值的定位很低。《出击！》让我开动脑筋想清楚，无论是市场营销，还是为企业提供客户服务，我的技能都是一项重要资产。这让我对自己的价值和赢利能力更有信心了。而坚信自己有价值的这种自信让我在职业生涯中获得了更多回报。我一直努力把握机遇，因为我知道，这份工作值得付出。

她开始录制自己的 vlog "聪明人懂交际"（Savvy Sexy Social），

说要"结束小企业正在经历的阵痛"。2011 年初，她辞去了工作，那时她已经有了一些付费客户。但是，要从领薪员工转换到自由职业者，风险依然很大。她搬进了男朋友家，卖掉了她的车，尽己所能地缩减开支。她已经准备好花上好几个月来引进新客户，而她之前做的所有准备，包括向人们宣传她的工作，让人们了解和信赖她，参加"博客世界"会议，更新线上内容，努力建立社交关系，都一一发挥了作用。几周内，她就拥有了付费客户（为了坚定自我价值，有一段时间她创建了一个虚拟的电子邮件独立助手，扮演一个截然不同的性格和自己谈判）。

艾米还在"聪明人懂交际"上授课，这个频道的粉丝已经超过 7.5 万人了，浏览量超过了 500 万。她还写了一本畅销书，在 vlog 上开办了一系列商务网络课程，成功地实现了视频营销二次创业，同时在世界各地发表演讲。她新婚不久（你好，兰迪诺夫人！），有一只可爱的狗，事业蒸蒸日上。不管怎么说，她全力出击了，取得了事业上的成就，但她谦虚得很，不愿张扬自己。

　　我曾经很难完全认可我在任何时候所取得的成就。我明白，我完全可以掌控自己的节奏，但这恰好让我压力山大，因为这意味着你还可以更努力，你做得可能还不够。奇怪的事情发生了，有一天我醒来，莫名觉得日子真糟糕，就像，我要失败了。我从来都没有放弃过，但有时候我会想，自己真的是做这一块的料吗？最大的挑战其实是我自身。我没有放慢脚步，好好地犒劳自己，给予自己尊重，毕竟我已经走了这么远。听起来有点大题小做，但从现在开始，每天、每周、每月我都必须坐下来，反思自己做得好的地方，并由衷地为此高兴，来日反复地叮嘱自己，因为接下来的每一天都会很艰难。每天醒来，我都清楚地看到，挑战一定会来临，并且近在眼前，但我依然不会改变自己的心意。我知道我选择了正确的道路，我热爱这条路，无论如何我都会坚定地走下去。

艾米的故事很精彩，对吧？我喜欢她自力谋生的坚毅，她成功地投入全部精力，创立了一个优秀品牌，就算取得了骄人的成就，也依然勇往直前，毫不松懈。她锲而不舍，坚忍不拔，正如这本书的其他受访者一样。我已经等不及想让你听听他们的故事了。

二 | （始终）要紧的事

在我们探讨你应该选择哪个平台来发表支柱内容之前，我想提醒你，如果根基不牢，支柱内容再有模有样，也会站不住脚。让创业者常常苦恼的，并不仅仅是他们在实现愿景的过程中犯下的错，还有他们在创业前期的失误。确实有些网红建立了诱人、吸金的个人品牌，取得了超出他们最大预期的成就。虽然我们难以准确说出这些人为什么成功，但我们不难理解为什么那么多人尝试了，却失败了。总体来说，那是因为他们的精力放错了位置。他们确实很在乎自己的事业，但在乎得不到位。真正要紧的事情就这么几个：目的、真实性、激情、耐心、速度、职业操守和注意力。

目的

当然，在商业中，"如何"才是最要紧的，但"为何"同样要紧，也许更为要紧。你为什么想创业？

为了分享你的知识？

为了帮助别人？

为了创立一个可以传承的事业？

为了捞一大笔钱，好让自己和家人有经济保障，能喘上口气儿？

为了在创意频道上找点乐子？

为了创建一个社区？

以上都是想创业和成为网红的绝佳理由。

你注意到名单上少了什么吗？

创业风潮愈发兴盛，很多不创业的人也给自己冠名"创业者"。他们应该叫自己"幻想者"（wantrepreneurs）才对，我希望他们最好在毁掉真正创业者的声誉之前改口，不然就会像某些胡作非为的房产经纪人一样，毁掉人们对房产经纪这一行的印象，或者像某些利欲熏心、哗众取宠的讼师一样，毁掉人们对律师这一行的看法（趁着还没浪费太多时间和金钱，我希望他们赶紧换个别的名头）。我向你保证，唯利是图的人摔得最快、最惨。当你目的不正时，别无他选的客户可能会继续和你合作（这种情况越来越少见），但他们不会把你推荐给别人。根据定义，能成为网红，通常口碑甚佳。如果你只挽留既定粉丝，根本不在乎路人对你的评价，其他在乎这些的网红就会群起而代之。

这本书记录了在各个层次获得财务成功、个人影响的创业者的故事，其中那些同时达到两个巅峰的人都具备三种特质：

▶ 献身服务

▶ 渴望创造价值

▶ 热爱讲授

　　许多人试过搜索某种产品却搜不到，于是他们灵光一闪，要开发自己的产品。他们相信，既然自己对这些产品有需求，那么其他人也一样。还有人辛苦寻找经验和灵感，查到的全都是一些天价在线课程，没有任何含金量，却浪费了大把时间，于是这些人也开始了自己的授课生涯。在创作的时候，他们发誓一定要采用完全不同的方法，给大家提供可靠而有价值的信息。据他们亲口承认，大多数人一开始并不是各自领域里知识最渊博的，当然也不是最有才华的。但是，欠缺的经验都被他们用真挚、诚实和幽默弥补了回来。他们每天都在改进自己的播客、照片、视频和博客，一次又一次地把观众吸引过来。他们不断地更新，内容越来越丰富，而且通常不收费，于是回头客一批又一批。是因为回头客喜欢坐享其成吗？当然，没人不喜欢。但如果一个产品毫无可取之处，就算倒贴，失望的顾客都不会买你的账。再说了，产品一旦无用，想要赢得顾客的信赖和忠诚，可以说门儿都没有。有谁那么傻，会回购烂东西、听从坏主意？

　　现在，我要做你见过的最不天真的人。接下来我要说的话可能会招人厌，但打死我都不相信，他们大多数都如此无私，白白付出这么多，却完全不求回报。他们都是人，说白了，和其他人一样，他们有着自利的欲望和需求。但要说他们是那 51% 的人类之一，我也不怀疑。意思就是，假如你的本性至少 51% 是无私的，只有 49% 是自利的，那你将来破产也不足为奇，因为绝大多数人 70% 到 99% 的本性都是自利的。无私能当作一种策略吗？当然，再怎么装无私，也装不了多久。我所知道的这么做的人，生意还没壮大，就财务破产，信誉扫地了。我敢打赌，书中提到的一些人在创业伊始确实打出了"免费"这一无私的旗号，但他们修炼到家，把这一策略运用得灵活自如。随后他们发现，一旦顾客觉得自己上当了，反应就会非常强烈，这让他们非但不抑制自己的怒气，反而放之任之。尽管我们大多数人在资本主义的摇篮里连脚跟都站不稳，但这种做派就是我们被灌输的一贯做法。打破金钱至上的原则是我成功的关键。我从来都不在乎钱。然而，我确实深深地、痴迷地在乎我留下的遗产。我希望我归西后，整个世界都会为我哀悼，不仅因为我是个正派人士，更因为我打造了富有远见、影响深远的未来商业版图。我还幻想能再世为人。只有保持一颗善良、慷慨、淡泊的心，我的远大目标才能实现。30% 第一次在网上看我的视频、听我演讲的人都会讨厌我。因为他们觉得我满嘴跑火车，觉得我虽然投入大量时间，不吝给予建议、指导，但那一定是为了赚钱。他们不相信世界上真有满腔商业热忱的人。但我确实就是其中之一。这就是为什么大部分我的黑子在端正态度，聆听过我的想法后，都会黑转粉。

可怕的是，不少人大言不惭地说，自己创业是为了造福世人，但只消一两个商业模式的问题，就能揭穿他们伪善的骗子身份了。还有不少人愤世嫉俗，坚决不相信世界上有不图回报的人。我承认，人有双重本性，包括我自己。我想要买下纽约喷气机队①（直说吧，我简直要对这个收购过程上瘾了！），这意味着我该做什么就要做什么，才能赚够钱。同时，我喜欢给人们的生活带来积极的影响，也就是说，我要做好分内事，帮助人们创业。我信奉这两条真谛，并将它们结合起来，付诸日常行动，因此我成功了。这也是我不赚不义之财的原因。打个比方，很多网红，包括你熟知的那几个，都售卖网络课程。这些课程能为他们开辟大量的营收渠道，运用得当的话，甚至会变成难得的资源。我并没有这么做，因为我担心一旦用金钱给知识定价，我就会觉得有义务为付费顾客保留精华内容。这就会导致利益冲突，违背我创立品牌的初衷。我确实也出书，但书中除了记录一些零碎的个人轶事，并不包括我在免费公众论坛发表的看法。只要是愿意花时间和精力在网上搜查的有心人，都能找到我发布的内容，虽然有些版式不够全面，细节也没那么多。但这些书的作用不过是为了帮你们省点时间，给你们提供方便参考的可移植资源。

　　我每做一个决定，都会考虑自己愿意在自利和无私之间把握多少分寸。短期内，我往往会抑制自己的私心。我愿意等过几年再买喷气机队，只要我的遗产不会因此折损，我就还能问心无愧地生活

---

　　①　纽约喷气机队（New York Jets），是美国国家橄榄球联盟的专业橄榄球队，主场在新泽西州东拉特福特。

下去。你可能会做出截然不同的选择。而事实是，你也不需要像我一样无私就能赚一笔大的。在这个世界，标准已经聊胜于无了，你只要无私得恰到好处就行。但相信我，如果你对每一次互动、每一笔交易都精心计算过回报，那么这本书里没有适合你看的内容了。时刻记住这一点。

另一方面，有趣的是，本书所采访的许多成功企业家很少谈论他们的产品。他们的激情并不会一直绕着蛋白质粉、课程技巧或美容产品打转儿。对他们当中的许多人而言，借 You Can Brand 的创始人——平面设计和品牌教练珍娜·苏亚德（IG：@youcanbrand）的话来说，他们"最幸福的时刻就是看着人们'啊哈'地惊叹"。这样他们就看得出自己的产品或服务给顾客带来了好的体验，帮顾客解决了问题，他们就收获了更多，心情更好。简而言之，这些创业者成功的源泉在于他们有多**在乎**。

这仍是迄今为止最有效的营销策略。

我如何全力出击

刘易斯·豪斯，崇高学府

IG：@LEWISHOWES

刘易斯·豪斯知道梦想破裂是什么滋味。他曾经是一名职业竞技橄榄球运动员，在第二场比赛中撞到了墙上，导致手腕骨折。作为一名全美橄榄球运动员和十项全能运动员，起初他拒绝接受自己受伤这个事实，因为那意味着，他再也无法参加职业体育比赛了。他做了一场大手术，整个手臂都打上了石膏，在俄亥俄州姐姐家的沙发上躺了大半年才恢复了健康。他始终希望自己能康复，重返运动场。但他努力了整整一年，都无法恢复手臂曾经的力量。他不得不承认，一切都结束了。对很多人来说，这就像天塌下来了一样。他好不容易逃过了童年的性虐待，在学校时，还因为读写困难而很难跟上大家的进度，遭受了校园暴力。体育场是他的避难所，也是他的救赎地。他从大学辍学，就是为了去参加美国国家橄榄球联盟的比赛。现在，尽管历尽艰辛，他依然一无所得，没有学位，没有技能，也没有钱。而那是 2008 年，就算三者皆有的人都找不到工作。

但多亏了运动训练，刘易斯对自己抱有信念。他开始思考这样一个问题："如果我想创造什么都行，我会创造什么呢？"他已经体会到利用兴趣赚钱的感觉了，所以他不会去任何企业工作。但他总得干点什么，毕竟他在姐姐家的沙发上免费睡了半年，姐姐都不耐烦了。

有位顾问建议他加入"领英"试试。刘易斯意识到，这个平台可以让他直接接触到很多成功人士，这些人也许能给他带来机遇，或者至少和他分享他们的成功心得。

"我一直想做的就是结识值得学习的励志人物。"第二年，他每天花 8 个小时左右和当地的商界领导交流，邀请他们共进午餐，进行信息访谈，学习他们如何取得成功。考虑到自己可能天生适合混体育界，他首先接触了一些体育高管。这一个人把他介绍给那一个人，那一个人又建议他和另一个人见面，他的圈子变得越来越广。他对领英的潜力越来越了解，便不断地优化自己的个人资料，越来越多网红愿意结识他。到 2009 年底，他的领英人脉已经达到了 3.5 万人。

当时，推特之站（Tweetups）——推特用户为共同话题而聚集的地方——是一个很受欢迎的社交平台。

"见完了一对夫妇之后，我想，呃，因为领英，我才认识了这么多人，为什么不干脆举办一场领英见面会呢？"于是他在上过私立寄宿学校的圣路易斯市举办了一场见面会，参会的有 350 人，多亏他卖出了几张赞助的桌子，才挣了 1 000 美元。

"于是我又想，呃，干吗不再举办一场，收个 5 美元的入场费？"他又搞了一场，既赚了门票钱，又赚了赞助费。

"然后我又想，呃，既然我和这些场地做生意，我能不能提出要分这些社交活动所购食品、酒水回扣的 10% 呢？"他们答应了。

很快，刘易斯每个月都能赚到几千美元，足够让他从姐姐家的沙发上搬出来，住进自己租的公寓里了。那是他能找到的最廉价的单身小公寓，在俄亥俄州的哥伦布市，每月租金 495 美元。

人们都惊叹不已。他是怎么做到的？没有正式工作，没有大学学位，但他却能把美国各地的网红聚集在一起，并受邀为各个会议的发言人。就凭领英！人们开始问他，能不能教他们使用领英、开拓事业。于是刘易斯又在想，呃……

　　刘易斯开始教其他创业者和商人如何优化他们的资料，如何接触潜在的客户、投资者或他们需要的任何人。

　　"我想，因为我充满活力和激情，所以我吸引了机会。我吸引人们来参加这些活动。我慢慢地喜欢上了教学，因为没有人像我一样解读领英。以前领英对很多人来说都很无聊，但我让它变得有趣了起来。"

　　没多久，他发现一位名叫加里·维纳查克的创业者要在圣路易斯市为自己的新书《出击！》开签售会。刘易斯主动伸出援手，表示愿意在领英上帮忙推广这次活动*。考虑到他要帮忙推广，读一读这本书就很有必要了。那是很久以前的事了，很多细节他都忘记了，除了这一章：**在乎**。

　　　　我从不觉得自己聪明，也不觉得自己有智慧，有技能，有经验，或有资历。这些我都没有。因此当我读到"在乎"这个词时，我恍然大悟，对啊！我需要的是更加"在乎"！和网红见面时，我从不向他们征求意见。我只会说："我很想听听你是怎么成功的。"快结束时，我会问："现在你在工作、职业或生活中遇到最大的挑战是什么？"然后洗耳恭听。他们会一股脑地告诉我，他们都需要些什么。我会问："你需要销售员吗？我这里有三个很牛的。你需要程序员吗？我正好认识一位。你

　　＊ 为提高我在领英的知名度，他随后在自己的博客上发表了一篇博文，详见：https://lewishowes.com/featured-articles/13-ways-gary-vaynerchuk-should-be-crushing-it-on-linkedin。

需要设计师吗？我上星期刚认识了一个，超级厉害。"这样一来，我就成了所有最成功人士的中间人。我从不请求他们给我介绍工作，介绍商业资源。那个只有一个词的章节证明了，只要我们锐意进取，不断提升自我价值，彰显我们的"在乎"，我们很快就能赚到钱。但首先，请展现你的价值。过去十年我就是这么过来的。

刘易斯告诉自己，要有创业家的耐性，赚点小钱也不错。但受到启发后，他开始全力以赴了。《出击！》说，要找准市场定位，于是他决定，他要成为领英达人，而不是像其他人一样，一窝蜂涌入 2008 年到 2009 年间最热门的社交媒体。《出击！》提出，每天要工作 15 到 16 个小时，于是他就是这么做的。"我拼了命地去工作。"他逐渐地积累了专业知识，后来每次社交媒体大会，他都被内定为领英的发言人。他也越来越有创造力了。

我开始去一些社交场所，主要是餐馆和酒吧，去结识那些经理或店主。我一直在思考，我的活动怎样才会为他们创造价值，我怎样才能满足他们最大的需求和挑战？于是我问："哪天晚上你赚得最少？"他们会答"星期二晚上"或"星期三晚上"之类，我会说："好，那天晚上我要带五百个人来，我想让你每晚都赚钱，而不仅仅局限于周末。我会把新的商业领袖和高素质人才带来你的店里。"

刘易斯做到了。这些社交场所曾经生意最惨淡的一晚，反而变成了最火爆的一晚。从那时起，无论刘易斯想什么时候举办活动，他们都毫无异议。刘易斯做到了，他也开始冒更大的风险。

"我开始有了底气，即使我觉得他们不可能同意，我也大胆提出我的要求。我要求抽取食品和酒水回扣的 20%，而不是 10%。我把门票从原来的 5 美元提到了 20 美元，收的赞助费也更多了。"

因为刘易斯为社交场所、赞助商和活动参与者带来了巨大的收益，所以他们都非常乐意出高价购买刘易斯的服务。短短一年内，他在美国各地主举办了 20 场活动。

他继续推出其他服务产品，两年内，公司的销售额超过了 250 万美元。但成功没几年，刘易斯就准备踏足新的领域了。"我没以前那么充满激情了。怎么选择得体的照片，怎么优化领英资料，能说的我都已经说了。"他卖掉了这项业务，开始进行下一个项目——崇高学府（School of Greatness）——这个播客会分享世界上最出色的运动员、名人和商业巨子的励志故事、相关资讯和实用的建议。

自 2013 年成立后，"崇高学府"的下载量已达上千万，常年占据 iTunes 播客榜的前 50 名。2015 年，刘易斯在《纽约时报》出版了同名畅销书《崇高学府》。他继续以身示范，出席演讲活动，在主要媒体上刊稿。虽然刘易斯还在使用，也依然热爱着领英，但同时，他也关注其他最能带动流量、下载量和销售量的平台，这有利于他继续扩大受众。谈到这一点，唯一的阻碍是他单枪匹马的状态，因此他雇用了一支优秀的团队来帮他管理各方面业务，包括播客编辑、脸书广告和客户服务。

我觉得自己是世界上最幸运的人。我要学会必需的技能，才能强大到和心中的自信相匹配，但最让我惊讶的是，你懂得多少并不重要，重要的是你心里有多在乎。如果我们对理想有激情、有活力、有野心、有信念，那么我们无论想要做什么，都一定能做到。如果创业以来，我总是吊儿郎当的，一点也不关注人们的需要，那么我不可能走得到今天。但假如你每天都能量满满、干劲十足，好事自然会降临到你头上。

真实性

你的真实性会反映你的意图。假设你因为坚信世人会喜欢你的点子，于是每天一睡醒，你就亟待分享和创造，而不是为了成为照片墙网红，才去精心谋划，那么你早就比现在成功一百倍了。当下社会的消费者时常觉得自己一叶障目，被媒体利用了，对他们来说，真实性是一种可喜的解脱。别装了，你的真面目最终会暴露的。与其这样，还不如搞清楚怎么使用照片墙、色拉布、YouTube 和书中提及的其他平台，主动分享你的干货，无论是让人叹为观止的时尚感、搞笑的喜剧品牌、创新的团建策略，还是让人惊艳的插花创意。找准最好的平台，展示真正的自我，展示你的手艺、你的乐趣，以及你对事业的热爱。你越真实，人们对你难免犯下的错误的容忍度也就越高。

上文提过，我有很多粉丝原来都是黑子，他们以为我只会吹牛，直到他们发现我一直在坚持推送，我说的话也都是正确的。即使人们不喜欢我，也很少有人怀疑我说话的真实性。在这一点上，我有三个优势：第一，我根本不在乎外人的想法，正因为这样，我完全可以去做我想做的，说我想说的；第二，我非常在乎粉丝的想法，我会花大量时间回复推特上的键盘侠，评论他们的攻讦，让他们了解我的出发点；第三，这一点可能比第一、第二点更重要——我总是尊重我的粉丝。

我相信人的直觉，我相信大多数人都很善于甄别虚伪和投机主义。如果你觉得你的消费者都是傻子，于是卖一些天价的无用网课来剥削他们，好吧，傻的人是你。利用人们的无知，短期内你可能可以赚一笔小钱，但消费者们一旦看出猫腻，你的事业分分钟垮台，个人品牌也好，企业也罢。网上只要出现一个客户后悔上当、义愤填膺的热门视频，公司的欺诈政策就会被公之于众。你不尊重你的客户，只需一条推文，整个事业就会轰然倒塌。我一点都不想冒这种险，你也绝不该如此。

我如何全力出击

劳林·伊瓦兹，瘦身机密

IG：@THESKINNYCONFIDENTIAL

劳林，一个身形纤细、前凸后翘的金发美女，正是生活方式网站"瘦身机密"（The Skinny Confidential）的创始人。每当被问到创站的激情，她就说，这是为了创建一个社区，让女性团结起来。但面对这个问题，她多少有些厌烦了。

我真受不了人们总是把"激情"挂在嘴边。有"激情"是远远不够的，还得去"行动"。我发现有不少同龄人夸夸其谈地空口说白话。我讨厌这种只说不做的行为。我不觉得我随口一提"瘦身机密"，它就凭空出现了，我可是踏踏实实地干了一年，因为我是实干派。

这可能就是那年圣诞节《出击！》面世后，她的企业家父亲也想给她买一本的原因。当时，劳林还在圣地亚哥州立大学念电视广播和戏剧专业，偶尔兼职调酒，教教芭蕾健身和普拉提，上上课，日子别提有多平淡了。她思想独立，是一个很有创造力的人。她觉得上大学纯粹属于浪费时间，但她想不到什么别的出路，别无选择，她只能按部就班，拿到学位。然而，一些事情渐渐地引起了她的兴趣。看完《出击！》，她的脑子里逐渐形成了一个新想法。

在线平台不少，但没有几个能激励女性，让她们随心所欲地做自己。平台上像加里、托尼·罗宾斯和蒂姆·费里斯这样的网红很多，他们都是有实力、有魅力的男性，但我却连一个女用户都没有看见。我就在想，能不能创建一个女性平台呢？那样不单单可以展示我的日常、我的穿着，还能把模特儿、妈妈们和广大女性聚集在一起，互相交流，分享秘密。我想要创造价值，《出击!》正好教会了我这一点！

劳林在她的 iPhone 便条和活页夹里记录了大量内容的构思。尽管穷得叮当响，她还是雇了一个网络开发人员，分十期给他付薪资，每期 50 美元。一年后，她精进了教学方法，建立了信誉。她继续授课，还取得了健身专家和营养专家的网上认证。"《出击!》里还有一句话引起了我的共鸣，那就是'从事业里来的钱还得放回事业里去'，所以，我就拼命赚钱，投入'瘦身机密'，再拼命赚钱，再投进去。在很长一段时间里，我的银行账户存款为零。"

开始发布视频后，她将主题聚焦到与健康相关的领域。"挖掘你擅长的市场定位，不断深耕，慢慢地拓宽市场份额。"回想起来，也许她三个月内就能扩大品牌范围，但她的创业计划并不完善，所以实行起来比较困难。

我下午 2 点到 3 点 30 分拍照，4 点到 12 点去酒吧调酒，回家后，从 12 点写博客写到凌晨 2 点，睡醒后去教芭蕾健身和普拉提，再去上课，一周五天，循环往复。到了周末，我会浏览照片墙、推特、脸书，查阅电子邮件，处理一些创业之后的琐碎事宜。

慢慢地，她开始有条不紊地将品牌范围扩展到其他领域：健身、美容、家居装饰和服装，但搞了两年半，她一分钱都没挣到。"我认为网红犯的最大的错是，什么品牌他们都想合作。不管观众怎么想，不管读者怎么看，以为合作品牌越多越好。我看不到这种经营手段的前途。我更注重打造自己的品牌，而不是别人的品牌。"

最后，她整天都穿的一个衣服品牌主动找上门来，她终于有了收入。如今，她赚的钱绝对称得上非常可观。她过上了舒适的日子，还雇用了一个平面设计师、一个助理、一个项目经理、一个编辑、一个摄影师和一个后端开发人员，帮她维持企业的日常运营。但她每天仍在不断地拒绝各种品牌，有时为了区区一个博客帖子，甚至愿意出 1 万至 1.5 万美元寻求合作。

在"瘦身机密"里，没有什么是不能聊的："连故事都别有洞天。"劳林既介绍精油、饮食窍门，也介绍丰胸、肉毒杆菌。她开始联系自己在生活中扮演的角色，挖掘她的人际关系，寻找更深层次的内容和新奇的故事，与读者分享。她叫自己深爱的祖母作"老太太"，以此为名，制作成网站上的固定节目，这样劳林就找到了一个奇特的视角来切入选好的主题。订婚后，她正式介绍了自己的男朋友迈克尔；现在博客里还有一个迈克尔的专用空间，叫作"他"，他们还一起创建了一个播客。

读者们自然都很了解劳林订婚和婚礼的细节。但他们同样也参与了那些心碎的瞬间。祖母意外去世后，劳林给她唱颂歌，歌声温柔又悲伤，引发了大量粉丝的同情。她做了下颚手术，脸部严重肿胀了两年，她并不否认，还发了文章《整容让我上了头条》，在文中展示了照片，谈及了毁容对她自尊的影响。她说，有两个品牌高管，在她不知情的情况下，打通了她的会议热线，她本以为这通电话会有好消息，准备洗耳恭听，却没想到他们狠狠地嘲笑了她一番，这令她非常震惊，深受打击。粉丝们知道后，纷纷站出来声援她。这件事也给了她一个机会去揭露这些品牌的虚伪面目，他们口口声声说要给女性赋权，为女性斗争，私下却以一套固定的模板来约束她们。

> 我忍气吞声，把受到的所有伤害都写到了这篇博文里。读者的反馈让我难以置信。世界各地的女性都给我来信，讲述她们被人诋毁、欺负，或坦诚相待却遭受抨击的经历。能把大家聚在一起，互相扶持，真的很棒。
>
> 每个人都说要敞开心胸，做真实的自己，但一旦你所展现的自己不是他们喜欢的样子，他们就会话风突变。这种经历真的特别奇怪。但与其压抑天性，我还是会坦陈自我。我希望我回应的方式能给读者树立一个好榜样，尤其是那些遇到相同情形的年轻女孩儿们。如果我能改变他人刻薄的言辞……如果我能利用平台告诉大家，无论是网络暴力，还是现实、语言暴力，都是很恶劣的行为，不是什么光彩的事，那么我就算达成了一个正面的目标。

不幸的是，第一年她在记录想法、制定创业战略时，并没有把这一年的经历记录下来。尽管如此，在她的案例中，这一年似乎确实雕琢了她的构思，帮她节省了时间，让她能在起步时更有目的地行动起来。她是速度和耐心的典范。

> 六年里每周的每一天，我都全心全意地做着同一件事，没有放过一天假。如果说我有假期，那么工作就是度假。我还有很多工作要做。我只是按照加里在《出击！》里说的去做，日复一日、坚持不懈地向着目标进发。我无视闲杂事宜，专注于我的事业，尽我所能，做我自己。《出击！》还有加里的其他书都激励着我做真实的自己，不留丝毫遗憾。

激情

我认识不少领着高薪却终日抑郁的人，但我没见过有哪个热爱本职工作的人会不热爱生活。正如我之前所说，我可以走捷径，赚更多的钱，缩短预期时长，实现收购喷气机队的目标，但我不会这么做，因为这样我不会快乐的。我宁愿等，按部就班地推进。我们在世上的时光十分短暂，成年后大多数时间都花在工作上。每一步都有必要稳稳妥妥，确保工作的年月过得尽可能有回报、有成效、有乐趣。

本书的所有受访者都认为，没有激情就没有必要创业。事业不能只是一份工作，它必须是一种使命。营养和健身品牌"补给超市"（Supplement Superstores）与"第一形式"（1st Phorm）的创始人安迪·弗里塞拉解释得最好：

> 肯定有一段时间你会赚不到钱。这里指的不是一个星期、一个月，或一年，而是很多年。在漫长的岁月里，如果你根本不爱这份事业，你很难坚持下去。就算你对创业者说，要"追随你的激情"，他们也不理解，索性左耳进，右耳出。但事实是，这一点很重要，因为如果你不喜欢你正在做的事情，遇到挫折的时候，你很容易就甩手不干了。

如果你对呈现给世人的产品充满激情，那么无论你的产品是销售培训方法，还是老式玩具，产品本身和内容的质量非常关键，这很可能让你被发掘，受到重视，成为议论的焦点。有趣的是，很多受访者都指出，你甚至不必对自己提供的产品和服务太上心，最重要的是，你要热衷于给予。这是肖恩·"肖都拉斯"·麦克布莱德发现的。他在网上卖珠宝时，他在色拉布上的个人品牌还没大火。这家伙是个滑冰和滑雪的好手，他对珠宝本身没什么兴趣。大学时，读完《出击！》后，他决定去卖珠宝，测试一下这本书的原则，确认自己的直觉，因为他的直觉告诉他：和客户打交道，让他们参与到他的品牌开发中，无论他卖什么，肯定都会有回报。在后文你将看到，他是对的。

最后，大多数创业者会告诉你，激情具有保护性。当你快被创业的天然副作用——压力和挫败感打倒时，激情可以鼓舞你。**当你**

的其他能源开始耗竭，激情就是你的备用发电机。激情使你快乐。
当你喜欢你所做的事情，你的每一个选择都变得容易起来。你的事业没有起色，但为了医疗福利，你决定继续上着讨厌的朝九晚五的班；你一无所有，但为了积累经验，获得回报，你同意接受比期望薪资低的工作。有激情，一切都变得更容易了。

我如何全力出击

布莱恩·瓦穆勒
推特：@WAMPLERPEDALS

　　布莱恩·瓦穆勒的父母都是接受委托的销售代表，他们比一般的父母更有创业精神。但他们培养布莱恩跟着钱走，做能赚钱的工作，"不管你对那份工作有没有激情"。因此，布莱恩（侥幸）高中毕业后，就进入了建筑行业。几年后，他 22 岁，决定单打独斗，做一个改造分包商。他的激情并不在此，但总比替别人打工、做一个小喽啰要好——他讨厌自己当时的工作。

　　他真正的激情在吉他，他尤其热衷用吉他创作流行歌曲。这种曲调是通过吉他踏板和小电子盒来制作的。吉他手常常利用小电子盒来创作各种音效和音调。他的朋友给他介绍了一个在线论坛，上面聚集了想要改制现有吉他踏板的人。布瑞恩开始小试牛刀了。

　　在接下来的几年里，我从早到晚都在工作，下午五点就回家，吃过晚饭，陪一会儿家人，晚上剩下的时间就用来阅读、实验，学习电子产品的所有知识。每晚如此，不到凌晨三四点不罢休……有时甚至熬个通宵，第二天上完班又继续。

这些论坛上的很多问题都是没有电子产品经验的外行提出的。大多数回答问题的人要么是工程师，要么是操着高深行话的人。提问者一问能不能说得通俗点，就会被嘲笑……基本上，随处可见那种散发着艺术家气息的提问者，而那些自信的工程师们却非要中规中矩地作答。一开始我就是那种"艺术家类型"的提问者。所以，一旦我自己搞懂了所有问题，我就会以一种非常容易理解和消化的方式来解释问题，好让其他人能学得更轻松。

(顺带一提，我之前就是这么学习品酒的。)

他开始在网上卖自己改装的吉他踏板，很多顾客会有疑问，布莱恩必须回复评论、电子邮件、电话，这就加大了他的时间投入。最后，他把所有的宣传信息整合起来，发布了一系列的电子书。随后他开始卖带有改装特定踏板零件和说明的 DIY 套件。客户和零售商开始要求他制造和销售定制踏板，他便创建了自己的生产线，从此，沃普勒踏板诞生了。他退出了建筑行业，靠卖这些产品为生，而需求不断上升。

布莱恩意识到，这样下去不是办法，他不能在所有的产品上投入相同的时间，有些东西必须优先考虑。2010 年初，他正纠结该朝哪个方向发展时，突然发现了《出击！》这本书，他在书上学到的内容彻底改变了他的经营方式，并让他的事业蓬勃发展起来。

1. 接纳你的 DNA："我没离婚可能还得感谢这个理念。读这本书之前，我和我老婆什么活儿都得干——设计、制造、销售新产品，开发国内外的零售商，跟进售后服务，按时发货，管理员工，等等。我们摩擦不断，因为我除了设计新产品、策划文案、开发潜在新客户之外，其他都很糟。但读完这本书之后，我和她决定要么把业务外包给外部承包商，要么招一些会处理我不懂的东西的人。"

他茅塞顿开，想明白了自己应该专注于哪一方面的工作。

"我意识到我不是一个工程师，我写书是为了简化相当复杂的电子工程概念，将它们献给有需要的观众，但我的内心并没有像在创作新东西时那么投入。我创造的东西可以激励其他艺术家，让他们把它当作创作艺术的工具，上面还可以印上我的名字。在将来的某一天，我的曾孙辈回首，还会感叹：'那是我的曾祖父。'所以，我不再卖 DIY 产品，而是专注于创作了。"

1. 讲故事："当时很多其他公司都千篇一律。我只是以一种真实的方式标榜我自己，创立了第一家自产产品样带的乐器公司。在那个时候，这对许多其他公司来说是非常奇怪的。不过，我们的顾客却很喜欢！他们发现我是一个碰巧会做踏板的真正的吉他手，而不是一个碰巧懂一丁点吉他的工程师，这种差别虽然看起来微不足道，但对我们来说却是天壤之别，这就是我们成功的关键。"

2. 注重深入，而非广泛："分析结果不代表一切。简而言之，我决定不再死盯着数字，而是更专注于为客户创造更具价值的内容。一千次浏览量和一百条评论，比一万次浏览量，却只有一条评论有用得多。"

3. 每个人都需要成为一个品牌："我坚持让每个员工都要和我一样，成为公司的代言人。他们必须明白，自己在线上发布的一切都代表着这个品牌。对我来说，同样重要的是，我要明白每个人基本上都是一个品牌，如果他们决定辞职去追求其他东西，他们也会比其他人更有优势。"

4. 不改初衷："我义无反顾地跳入这行，坚信如果我保持充沛的精力来追随我的激情，一切都会水到渠成……我只需要有耐心，比这行业里的任何人都更努力地工作。"

耐心

有趣的是，激情和耐心是相辅相成的。为了与你的激情保持一致，事情可能比你想象中的进展要慢一些。你拒绝的次数肯定比同意的次数多。等待时机；做生意时意气用事，属于贬低自己。只有当你完全按照自己的方式行动时，你才做得到全力出击。

当你建立一家以赚钱为唯一目标的企业时，很有可能要和银行打交道。但那些发快财的暴发户通常会浪费长期致富的机会。我刚开始打理家族生意时，我那些从大学毕业的朋友也参加工作了。但赚了钱后，他们都跑到拉斯维加斯去旅游，把辣妹，买名表。而我呢？我还在赚钱。头五六年，我把生意做大了，能赚 4 500 万美元，没过几年，它就变成了一个市值 6 000 万美元的葡萄酒帝国。一个 26 岁就经营着 6 000 万美元生意的正常男人，通常会像个毛头小子一样大肆挥霍。然而，我住在新泽西州斯普林菲尔德的一个单身公寓里，开的是吉普大切诺基，没有手表，没有西装，也不会炫富。我本可以每年给自己发个几十万美元，但我最多领了 6 万美元。我像头犁地的牛一样埋头耕耘，挣来的每一分钱几乎都重新投入生意中，全部精力都集中在树立个人品牌，打造线上线下无人可匹的客户服务上。不和客户打交道时，我就是世界上最百无聊赖的人。今天，我像本书中其他所有的创业者一样，不仅拥有了我想要的一切（除了纽约喷气机队），也拥有了生命中最美好的时光。有些人能在相对较短的时间内取得成功；但大多数人在为大众熟知之前，都要呕心沥血好多年。

你没有理由张扬，除非你有张扬的资本。即便如此，也要低调点。你一旦得意忘形，就会与你的初衷背道而驰。听我的建议：卧薪尝胆，始终不晚。这意味着你要比身边任何人都强大；这意味着顾客永远是对的；这意味着你要把员工放在自己前面；这意味着很多年你都放不了假，唯一的休息时间就是为了陪伴家

人（或亲如家人的朋友），庆祝重要的假期。要有耐心，要有条理。把债都还了。除非你的品牌日进斗金，不然请保持简单的生活，脚踏实地，做好计划。把自己放到最后考虑。一旦你实现了你的品牌和商业目标，你就可以开始逍遥度日了（别把自己玩得债务累累，那太疯狂了）。

我如何全力出击

亚历克斯·"尼莫"·汉斯，傻瓜服装有限公司
IG：@FOOLIES

过完 30 岁生日后的第二天，亚历克斯·"尼莫"·汉斯想在新奥尔良约见几位女士。

她们可不是普通人。具体来说，她们是他 T 恤上列出的一些明星，比如塔拉吉·P. 汉森和艾娃·杜维奈。她们到镇上参加精华节（Essence Festival）——一个为期四天的大型黑人文化庆典，主要关注黑人女性。正是这件 T 恤让他的服装品牌"傻瓜服装有限公司"声名鹊起。

但他怎么到达现场，才是他出席庆典真正有意思的地方。

他的粉丝和顾客甚至把自己过生日的钱给他当路费。他们真的给他寄钱，让他买机票去参加庆典，好结识那些能帮他拓展品牌的人。

顾客对他的热爱和忠诚相当惊人。亚历克斯一定有过人之处。

亚历克斯的事业心一直很强。五年级时，他的母亲去世了。因为他身边没有一个像父亲一样的长者，家里的世交（她自己有十二个孩子）收养了他。有瓦遮头，他很感激。但因为破烂的衣服和鞋子，他在学校里总被人指指点点，对此他烦透了，所以总随身带着一个装满了薯条、糖果条和果倍爽饮料的大行李袋，想卖零食，挣点钱。放学后，他还在一家洗车厂工作，因为尚未成年，他只能领非法工资。"我只是想活下来。"他这样说。

2005 年，他在佛罗里达大学读书，走上了说唱歌手的道路。"来几小节说唱就能引发追捧……至少我自己是这么以为的。"当他在谷歌上搜索"如何打造说唱歌手品牌"时，他看到一篇文章说，说唱歌手要赋予他的歌迷们一个身份。因此，他和他的"白人兄弟"比利——一个大力支持他玩音乐的朋友，绞尽脑汁地想流行语。"我们坐在一起吐槽：'伙计，这个主意听起来太愚蠢了。我们真是太傻了。'我们不停地反复笑骂玩闹，突然就敲定了主意——'是的，我们是傻瓜（Foolie）'。然后就问：'傻瓜是什么？'我答：'我想就是有人傻到自找麻烦，结果还真给解决了。'"

2009 年，亚历克斯获得了运动医学学位，但他找不到正式工作，所以他在美国电话电报公司门店兼职，同时一直专注音乐。他和比利决定，说唱歌手需要统一的服装。但他们没有钱，便在一件脏兮兮的白色 T 恤上烙上了"傻瓜"这个词。他们做的事情，亚历克斯称之为戴蒙·约翰效应："让一个人穿上，拍张照片，再脱下来。再让另一个人穿上，拍张照片，再脱下来。因为你没有钱，所

以你不能人手一件，但是如果你能在脸书和推特上发布照片，搞得好像人人都有这么一件 T 恤，也许其他人也会想要一件。慢慢地，生意就做起来了。"

设计这些 T 恤，本意是为了吸引人们关注亚历克斯的音乐，但很快，它们就成了他的主要作品。他想出了一些聪明的方法，为顾客提供额外的特别体验。每当搞特卖时，他会给买 T 恤的顾客发送一个自定义链接，那是他在 YouTube 上唱歌的视频，歌曲里带有他们的名字或者其他一些个人信息。他把 T 恤装在微型油漆罐里，意思是当你打开罐子，就可以释放你的梦想。他会给每位顾客附寄一封亲笔信，还有一本梦幻日记，"因为这是人们最做不到的事情：他们不记下自己的目标，就永远也无法将梦想变为现实"。

顾客一收到 T 恤，就会拍照上传到社交媒体上。不过，有趣的是，有时他们发布的并不是 T 恤，而是信、罐头或梦幻日记。他们会感谢亚历克斯，说已经有好几年没有人给他们写信了，有些人还会把信贴在冰箱或浴室的墙上。

这家公司勉强能维持经营，而亚历克斯白天也有工作，此外，他在少年少女俱乐部上课、辅导，偶尔去"蹭沙发"①。日子很辛苦，但他咬牙坚持着。2015 年，他读了《出击！》。"这证明了我没有疯。我去参加募投比赛时，那些假投资者会质疑我：'这有什么

---

① 蹭沙发，指在一段时间内去不同的人家免费寄宿的新奇旅行方式。

发展空间？你为什么要给所有顾客写信？'但读这本书时，我心想，老天爷，终于有人懂我了。这就像和失去联系的老朋友久别重逢，和失散已久的你甚至都不知道的孪生兄弟认亲一样。"

他意识到自己的问题是他发布的内容不够多。"我像打了鸡血一样，在脸书上发满了帖子。"

2015 年 9 月，他在电视上看着维奥拉·戴维斯赢得了她的第一个艾美奖。当晚，雷吉娜·金也赢得了她的第一个艾美奖。"我简直捶胸顿足。我的品牌从来没有专门关注过黑人女性，但她们一直都在支持我。所以我想：'伙计，我们需要根据这些黑人女性的爱好，创作些具有鼓励意义的东西。'于是我们列出了几句话，拍成寻常的照片。"

这幅图列举了几种方式，借此，人们可以效仿我们这个时代强大的黑人女性：像珊达一样写作，像维奥拉一样说话，像凯莉（华盛顿）一样走路，像塔拉吉一样热情，像雷吉娜 样坚强，像艾娃一样引领。

"早上 8 点半左右，我还没上班，便发布了这张图。10 点 15 分左右，我的手机开始嗡嗡作响。我登录脸书，看到了 40 多个分享。以前也有人分享我的内容，但这个数字很奇怪，并且还在持续增加。这是怎么回事？"

亚历克斯的手机之所以不停地嗡嗡作响，是因为畅销书作家、演说家、数字战略家卢维·阿贾伊，又名"令人敬畏的卢维"，把这张图片转发到了她的脸书上。她私信他，让他把这些名字印在

T恤上。"她甚至不知道我有一家T恤公司，她以为我只是一个路人甲。上帝对万物的安排简直太疯狂了。"

随后，艾娃·杜维奈在推特上转载了这张图片。

"这张图片变得随处可见。"亚历克斯飞快地在图片上加了几个名字——露皮塔（尼永奥）、奥卓（阿杜巴）、安吉拉（巴塞特）和奎因（拉蒂法）——并把图片变成了一件背面印有傻瓜标志的T恤衫。

这个细节，这个标志的位置，对事情的走向至关重要。

几个月后的一个星期三，亚历克斯收到了一封来自德国彩妆品牌 Essence① 的电子邮件。他们请求他为一个在好莱坞参加"黑人女性"活动的青年合唱团提供T恤，周日前必须收到，否则无法及时录制节目。

"接这个单子，不成功便成仁。"印T恤通常要花上几个星期。此外，因为上一家公司一直不守信用，他刚换了印刷公司。新公司尽力扭转形势，他才得以及时把T恤送到了活动现场。

活动进行时没有录像，但不久之后，他收到了照片墙的提醒。在那张照片上，女孩们穿着他提供的T恤，用手环抱着她们站在那里的是奥普拉·温弗瑞。

他不知道这次活动是由奥普拉电视网（OWN）② 赞助的。

———————————

① Essence 隶属于 Cosnova 化妆品集团，是来自德国的时尚少女品牌。

② 奥普拉·温弗瑞与探索频道联手打造"奥普拉电视网"（OWN），该网 24 小时播出，走进 8 000 万户观众的家中。

他和他的首席运营官金姆开始到处发布 T 恤的照片。一开始节目在奥普拉电视网上播出时，唱诗班没有出现。亚历克斯一度认为这个片段被剪掉了。但播完一次广告后，唱诗班出场了。

T 恤看起来棒极了，但是亚历克斯意识到，把标志放在后面而不是前面也许是个好主意。"我们希望这件 T 恤突出标语，而不是品牌。我们希望确保顾客明白，背后永远有我们的支持。真聪明，简直是天才之作。"

当晚，珊达·瑞姆斯在推特上发布了这件 T 恤的照片，打上"傻瓜"的标签，并发布到照片墙上。"我这辈子都没有收到过这么多通知。"亚历克斯说。

从那以后，亚历克斯赚的钱要么投回生意中，要么用来为网红提供免费 T 恤。这件 T 恤有几个新版本，上面印了不同演员的名字。他尽可能多参加会议，这样他才能结识其他网红。他是自愿去工作的，因为他通常付不起票价。最近，几个月前在另一个活动上听他介绍过"傻瓜"的人给了他一张"她博"（Blog Her）大会的入场赠券，让他决定去不去。

他坚定地想要用一件 T 恤衫来激励人们实现目标。"我不只是想要卖给你一件 T 恤，如果你不买呢？难道你就没有动力了吗？为什么不单纯地为了服务而服务呢？"为此，他推出了一个名为"梦想无限电台"的播客，专门收集梦想家、改变规则的人和实现目标的人的故事。

　　播客的数据很有趣。我想，人们更多的是作为一个整体来关注我，而不是非要听我的播客。每一集的播放量都会上下波动，所以数据可能是两三百，或者五十、四十五。多少我都能接受，因为这是观众给我的反馈，而无论是五十，还是两百，这些都是真心想要观看的人。这看起来似乎很寒酸，因为我的粉丝远远达不到成千上万，但我知道这五十或两百个人真的在关注我，跟进我的动态。我宁愿选择这种方式。因为这几百个人将会为我带来几千个粉丝。

　　我要关注有色人种和女性，他们的曝光度还不够。你会在我的播客上看到所有这些炫酷的女士。我也喜爱男士，但我知道我的市场和商机在哪里。人们告诉我："噢，你需要扩大范围，和这些人聊聊。"我答："加里早就说过了。"

　　亚历克斯在佛罗里达大学辅导过许多学生，他还去初中和高中访问，和学生们讨论创业和摆脱困境的方法。当他的品牌做得风生水起时，他以前的一些学生告诉他，这就是他的事业了。"这是你一直坚持在做的，只不过现在的形式是服装公司罢了。"

速度

　　我喜欢自圆其说的矛盾，但这不算是一个矛盾。耐心指的是长期，速度指的是短期。两者间的压力甚至可以切割钻石。

速度是我从商后的两三个执念之一。我总是为那些提高我的生活和工作效率的事物所吸引。这也是我喜欢谷歌主页（Google Home）和亚马逊回音（Echo）这些声控助手的原因之一（详见第 275 页）。创业者关注时效和方便性，但该死的，他们始终是人，只会抓起手机，在购物单上输入"牙膏"，然而，吐出嘴里的泡沫，直接说"好吧，谷歌，提醒我买牙膏"不是更快捷吗？如果你刚开始创业，你都会独自苦干很长一段时间，才能雇一个助手来帮你做好时间管理。同时，要好好利用所有手头的工具，保证一天的工作顺利开展，明智高效地利用时间。

你要说做就做。我看你在那儿为你的内容纠结，为你的决定发愁，迟迟下不了决心。你没什么自信，你担心一旦做错决定，人们会称你为失败者。赶紧抛掉这种念头。我喜欢失败，因为我能从中吸取教训。之所以不常提起自己的失败，不是因为我在掩藏什么，而是因为一旦识破了自己犯下的错误，在我的内心里，这个篇章就此翻过。我承认：在 2010 年，我犯过错。基于位置的聊天软件 Yobongo 并不是下一颗闪亮的新星。但是，沉湎于未做成之事对我来说有什么好处呢？我宁愿展望下一件我坚信会成功的事。我的业绩也证明了这一点。不怕犯错让我游刃有余。不在乎别人的眼光，你才能放手去做，才敢放手去做，如此便有赢的可能。即使失败了，你也有所收获，所以无论怎样，你都赢了。听我一言：失败十次再成功三次，要比你三次都成功让你进步更多。

我如何全力出击

蒂莫西·罗曼，皇家厨卫

IG：@IMPERIALKB

在朋友们的帮助下，蒂莫西·罗曼撑了过来。

从此他就摆脱了往日的人生。

19 年前，蒂莫西 11 岁，被身为俄罗斯移民的父母带到了美国。他们忙着移民都在忙的事情：工作，努力生活，适应一个新国度，一门新语言，一种新生活方式。他们期望蒂莫西能乖乖的，争取在学校表现出色，考上大学。

问题是，蒂莫西讨厌上学。"我每一科都考得很糟，就是集中不了精神，总是心不在焉。我喜欢乱涂乱画，不管是计划、想法、梦想，还是计算利润。我不记得正规教育都教了我些什么。"

蒂莫西所指的利润有两种收入来源。看，他在运用自己天生的创业触觉。刚上高中的时候，他在做 DJ，卖混音，还卖大麻。高中第二年，他发现自己挣的钱和老师一样多，便告诉妈妈，他要退学了，去拿 GED 证书①。她以为他要退学当 DJ，这确实是他最初的计划；其他收入本来应该只是补充性的。不过，很快，事情有了转机。这约莫十年光景，奠定了蒂莫西的一生。

"我住在一个贫穷的社区。没有人的知识或阅历丰富到可以影

---

① "一般教育发展考试"（General Educational Development Tests），简称 GED，也可以算是一种全美国承认的替代高中毕业文凭的考试。

响你、劝诫你。'嘿，你懂的，你可以去做一些合法的事情，成为一个企业家，创建一个小公司，努力工作，试试看。'你知道，这甚至算不上交谈。"

直到他终于被捕入狱（这时，他的母亲才发现儿子是如何谋生的）。

一个月后释放出来，他下定决心要洗心革面。他和以前的狐朋狗友一刀两断，并交了新朋友。

"他们当中一个做网页开发和搜索引擎优化，一个出售高端房地产，还有一个卖高档家具。英雄所见略同，他们都是白手起家。我们真的一拍即合。他们尊重我，我也迫不及待地想向他们学习应该怎么做。"

卖房地产的那个朋友把自家的沙发腾出来给蒂莫西睡，还把蒂莫西介绍给他的父亲。他父亲拥有一家建筑公司，给了蒂莫西一份工作。与此同时，蒂莫西觉得自己可能想当一名网站设计师，于是花了很多时间在 YouTube 上自学。就这样，他偶然看到了加里·维纳查克的视频。"我发现他是俄罗斯人，他的父母是移民，这种缘分太奇妙了，我立刻就被吸引住了。"他翻遍了他能找到的所有视频资料。他发现，想要获取更多的信息，唯一的方法就是看《出击！》。尽管阅读对他来说很困难，因为他那时只读过一本书（谢家华的《传递快乐》），但他依然读完了《出击！》。

我从来都没有征询过别人的意见，也没有人告诉我："嘿，你懂的，你可以做到的。去吧，搞定它。"《出击!》传达的信息是，不管你在哪里，你是谁，什么肤色，来自哪里，身高多高，体型如何，什么什么的，只要你真的认为自己擅长某件事，并投入工作，我保证，你一定会有所成就。你知道，当一个人缺乏经验的时候，他很难集中精力去干什么事，但我看完书，取了经，直接就付诸实践了。

那是 2012 年底，蒂莫西和他朋友的父亲共事了 6 至 8 个月，他确定自己想创办一家自己的公司，做厨卫专业承包商。接下来的两年半，他从一个打杂的做到了项目经理，成了老总的得力助手。那还只是白天的工作。下班后，蒂莫西一直学到凌晨两三点才休息。

我会尽我所能地了解建筑业，阅读杂志，记住建筑师的名字。我想储备大量的知识，只要我的公司一开张，在和顾客交流时，我就能提供很多有价值的信息。我非常努力地学习产品的知识，后来我向人们介绍我的所学时，他们都不会觉得我年轻又缺乏经验，他们直接忽略了这些缺点。

我对电脑很有悟性，也懂一些基本技能，所以我去管理网站、写文案。承包商都没有什么像样的营销段子，更别提搜索引擎优化了。那些创立了网站的，都是拥有十辆卡车的大公司。寻常的厨卫行业人员都四五十甚至六十多岁了，在这一行待了二三十年。他们建立了很多商业人脉，有些人甚至是通过口碑来做生意的。我知道，通过传统的方式建立口碑需要经年累月的时间。我做的事情其他承包商都不明白，而且非常耗时。当时我们也没有今天这些应用程序，可以自动帮你处理网站数据。

通过努力，他和分包商建立了联系。在老板的支持下，他把日常工作之外的所有时间都花在脸书和 YouTube 上，为自己的公司开疆拓土。渐渐地，人们开始关注他的内容。如果有人为照片点了赞，蒂莫西就会私信他表示感谢。如果有人发电子邮件来估价，那么他就会得到一个地址，而那个人就会在假期收到一封感谢信和一些小礼物。2015 年年中，蒂莫西完成了他的第一个项目。幸运的是，他早上 9:30 才开始工作，这样，在一天正式开始之前，他就多出了几个小时的时间可以专注自己的项目。到了午饭时间，他还可以跑出去监督分包商的工作，这样他晚上就能处理电子邮件和销售业务了。

一积累到三个项目，他就向老板辞职了。但他的日程安排依然很紧张。他只能用更多的工作、更深的投入和更丰富的内容创作来填满这些空出来的时间。他在色拉布故事会和照片墙故事会上分享项目的幕后花絮，现在他有了自己的演播厅，等观众进来后，他就能轻松地推介新产品了。

蒂莫西独立创业后两年，公司销售额突破百万美元大关，预计在 2017 年底将达到 250 万至 300 万美元。

"你知道吗，我以前每天都在妥协，都在做疯狂的决定，我知道我可以做到的。现在一切都变成了例行公事。拥有自己的公司听

起来真的很可怕，它意味着沉甸甸的责任，但加里说：'还会发生什么最坏的情况呢？放手一搏嘛。市场会告诉你有没有机会的。'"顺带一提，蒂莫西的母亲非常自豪。"每当我告诉妈妈我又有哪些新成就，又完成了什么项目，创下了什么纪录，她都会流眼泪。你懂的，这真的太棒了。"

职业操守

这些年来，我观察过不少人，他们表面上似乎都做得很好——挖掘了良好的商机，品貌兼优，性格风趣，内容具有针对性，很有价值；没达到业务目标时，他们都会表现出自己的沮丧。但一细看，我就会发现他们仍然在打高尔夫，或者在推特上谈论前天晚上的《行尸走肉》。让我尽可能说清楚点：

一旦开始创业，你就不能浪费时间休闲——要是你真想成功的话。你可没空刷 YouTube 视频，在聊天室里吹牛皮，或者享受一顿一个半钟头的午餐。当然，这就是创业总被看作年轻人的游戏的原因。要想创建个人品牌，提升业务，需要很大的毅力。如果你才 25 岁，单身，除了自己，不用照顾任何人的话，把所有时间投入到新事业上会容易得多。尽管如此，这本书 95% 的读者，甚至是年轻人，都可能背负着某种义务：还大学贷款（许多人可能还在上学）、还抵押贷款、抚养孩子、赡养年迈的父母或需扶养的家人。大多数人可能已经有工作了。也许你的工作时间很灵活，因为你在一家共享驾驶公司当司机，或者只是干着一份兼职，或者在上夜班。

但你们大多数人都是朝九晚五，甚至朝八晚六。那么，要想有一天过上《出击！》里的生活，你唯一的指望就是在工作日的晚上 7 点到凌晨 2 点和周末一整天来完成大量的工作。在理想的情况下，围绕热爱的事情来发展事业，你才会感到有趣和放松，这样就不会觉得失去了休闲时间。唯一能让你挤出时间的就是你的家人。他们值得拥有最佳状态的你，所以要确保工作不会占据你和他们相处的时间，除非你能把和他们的相处变成工作的一部分，那就太棒了。带他们加入你的冒险吧！本书的许多受访者都这么做了。罗德里戈·塔斯卡雇了他的妹妹来帮他制作视频，他们就在父母家中他的卧室外工作。贾里德·波林和劳林·伊瓦兹都经常在博客上分享关于他们祖母的一些事情。里奇·罗尔的孩子和妻子朱莉经常出现在他的视频和照片中，这对夫妇合编了他们的第一本食谱。每当布列塔尼·泽维尔接到一个母亲节的母女品牌活动或拍摄邀约时，她都要把一部分活动收入存入女儿的账户里，因为没有她的女儿，就没有这些机会。查德·柯林斯的女儿乔丹 9 岁时就开始主持"乐高嘉年华"的周边活动了。"乐高嘉年华"是一个全国性的乐高盛事，由他们共同创立的 YouTube 乐高频道发展而来。这就是现代家族企业的模样。*

你得决定怎么分配时间。首先排除你履行义务必须占用的时间，例如上班，照顾孩子、妻子和年迈的母亲。如果你真想出人头地，

---

* 尽管我会和大家分享我的日常生活，但我不会谈及我的妻子和孩子。等孩子们长大了，能自己做决定，并且有意愿出席我的品牌的公开活动，我们再来讨论这个问题。这是我和莉齐为家庭做出的决定，但我完全支持别人提出不同意见。

除去这些时间外的每一秒钟都得用在制作内容、传播内容、参与社区互动或业务开发上。斯蒂芬·马里纳罗（IG：@TheSalonGuy）曾经做过发型师、DJ、消防员、逃犯追捕代理，后来成了 YouTube 最大的专业发型频道之一 TheSalonGuy 的网红。他在打造个人品牌的过程中可谓全力以赴。"如果你整天好吃懒做，等着天上掉馅饼儿，那么什么好事都降临不到你头上。"曾经，他只是一个视频制作人，自己出镜解说理发技巧。但他的坚持不懈让他登上了真人秀，在《早安美国》和《福克斯新闻》上亮相，报道奥斯卡颁奖典礼，并成为纽约时装周活动的常客。在活动中，他采访了很多名人和设计师。四年前，他的总收入只有 2 万美元，而如今，他每个月向品牌提供的媒体服务就价值数千美元。

干活儿去！每天创作新内容，开发新业务。每天约见两三个人，锻炼你的思维、传播和销售能力，从而更接近你的目标。照片墙上的数据挖掘人员会提供协助（详见第 251 页）。你每天应该花 12、15 个小时来做这些事情。如果你还有另一份工作，那就应该在每晚（或者白天，如果你上夜班的话）的三四个小时内尽可能多干一些活儿。但别忘了睡觉。对大多数人来说，每天或每晚 6 到 8 小时的睡眠足够了。剩下 16 到 18 个小时内的每一分钟都要充分利用。

你觉得这种拿命来拼的职业操守听起来很不健康？是不是太过了？请多留意这些感觉，自我思考至关重要。

成功意味着可以过上自己想要的日子，对自己的收入和生活都很满意。即便你的目标很平庸，我也不会加以置喙。我确实野心勃勃，

但我不认为每个人都应该如此。我不希望任何人觉得我端着一套模板，总想让大家都瞧一瞧，并强迫他们往里套。但是，拜托，假如你不肯吃苦，那么当你的事业没有想象中发展得那么快、那么成功时，看在上帝的分上，请不要抱怨。也许你会决定每周花两个小时去动物收容所或食物赈济处做志愿者，或者加入一个自行车俱乐部。你还会去看电影，在飞行途中玩手游。可以！你可能因此变成了一个更好的人。但你最初立下的志向如今变浅薄了，你要接纳这种变化并习惯它。不是每个人都应该创建一个庞大的企业。事实上，你不能同时兼顾一切，所以你必须做出选择。实事求是。无论你怎么说都好，总之，要想走上成功之路，提高自我意识和断掉自我妄想至关重要。

遵循热力学定律：无论你投入多少能量，一旦释放出来，它都会以同等的能量显现。人产生的能量会被用到肌肉运动中，机器则用来操作，能量闲置的话，就会逸散到空气中。一个成功的企业家会投入充沛的精力去运转事业，并高效执行，这样才不会浪费功夫。

我如何全力出击

戴恩·格雷厄姆，数字建筑师

IG：@DEON

戴恩·格雷厄姆以前是个网球高手。现在他是吹牛老爹①的数

———————

① 吹牛老爹（Puff Daddy），美国说唱歌手、唱片制作人、演员、商人，是一个把 Hip Hop 推向主流的艺术家。

字总监。

他只有 31 岁，但已经拥有了营销界最令人垂涎的工作之一。

这就是个人品牌能给个体带来的效应。

故事开始于 2008 年的迈阿密。白天，戴恩教网球。晚上，他去俱乐部一掷千金，"捣鼓些年轻人的玩意儿"。他发现了一片空白市场。当地的俱乐部只针对白人、西班牙裔人等特定人群进行营销。因为收入可观，俱乐部都喜欢举办嘻哈派对，但他们不愿意让自家看起来是嘻哈人群聚集的地方。没有一家营销公司把焦点放在那些迎合城镇居民或嘻哈观众的俱乐部上。所以戴恩决定要开拓这个市场。

他创建了夜生活网站"不夜城"。他避开了老板不愿意突出宣传他们的嘻哈之夜这一点，提出要在自己的网站上推销他们的俱乐部品牌。参加派对的人可以看到他们的照片，俱乐部老板可以联系上顾客。人们很喜欢这个网站，所以戴恩知道这个方向有搞头，只是暂时赚不到钱。

但戴恩说这是他的错。"我只是想做生意，搞噱头赚钱，并没有尝试建立一个品牌。当时我没有致力于品牌推广，反而致力于赚钱。"

直到他开始研究《出击！》里的原则，着眼于建立长期的品牌，情况才开始好转。他开始对他合作的俱乐部的质量更加挑剔，如果他觉得俱乐部没什么名声，吸引不到更多的客户，他就会拒绝合作。"我改变了所有的决定。人们给我的反馈开始发生了变化，我收到的支票数额也变大了，这绝不是巧合。"

他在推特和脸书上跟很多网友互动，但还不算频繁。他开始关注加里·维纳查克。"这家伙有这么多粉丝，看来生意做得比我更成功，但他每天都在社交媒体上和人们聊天，给他们建议，让他们免费看视频。那么我为什么不这么做呢？"

他将互动翻倍。"简直是 24 小时待命。随便有人说点什么，我都会加入对话，回复大家。假设凌晨两点有个震感舞派对，我们也会参与聊天，让大家知道城里还有其他派对。我实在挤不出时间去干别的。"在与一家著名的夜生活集团签下合同后，他觉得自己有了足够的安全感，便辞去了白天的工作。

他的网站人气迅速飙升，成了面向市区和嘻哈市场的最大平台。法国顶级伏特加品牌卡洛驰的营销团队"蓝焰代理"找到了他。

"他们问：'这个网站是你创建的吗？'"

"是的。"

"我们给过 7.5 万美元的高价让别人来创建一个网站。"

"我说：'我只要 1 万美元。'我只是想进入这个行业。"

他做到了。蓝焰代理雇用了他，从那时起，他就辗转于一个又一个项目。两年半以来，他与任何你能想到的希望接触到城市夜生活顾客的品牌，如轩尼诗、法国酩悦·轩尼诗-路易·威登集团等都有过交易。

2015 年，科姆斯企业的奥布里·弗林向戴恩抛出橄榄枝，让他担任他的数字总监，与包括龙舌兰、电视网和音乐品牌在内的八个不同品牌合作。

生活很忙碌。戴恩有自己的家庭，很多工作都是在他三个孩子睡着后、一家人醒来前完成的。2017 年 5 月，《企业家》杂志上提到了他，从那以后，他的收件箱里就堆满了演讲活动的邀请。

他雄心勃勃，什么都挡不住他。

> 我肯定要开一家类似于加里经营的数字代理公司，做我之前为肖恩·科姆斯（吹牛老爹）做的事，和很多不同的品牌和名人打交道。
>
> 有时候参加会议，我会看到一些异样的眼神，因为我是一个年轻的黑人男性。实际上，如何让企业界正眼相看，这才是最困难的地方。这就是为什么和肖恩·科姆斯这样的人结盟是件好事，这也是他为之奋斗的目标。但当我，而不是加里，走进会议室时，面临的谈话肯定不一样了。我走进门，他们一定很惊讶。你看得出他们在思考到底要不要换个人选。但这只是我必须面对的问题，不能以此为借口。
>
> 最重要的是全力以赴，让别人说去吧。你想做的事情还没有人成功过，唯一的办法就是排除偏见，勇往直前。

注意力

人们的关注点都在哪里？你的顾客在说什么？你所在领域的最

新趋势是什么？最大的争议是什么？你必须耳听八方眼观六路。我最大的优势之一就是，即便我的竞争对手在别处张望（通常是回头），我依然能够察觉到焦点的转移。懂得挖掘定价过低或不受重视的领域是一项关键的网红技能。从广播到电视，从互联网到社交网络，人们总是对新事物不够重视或不屑一顾。同样是这些人，他们相信孕育出最闪亮的明星的是好莱坞，而不是 YouTube 和照片墙。随便一个 25 岁以下的人都能告诉你，他们错了。

不要觉得某个平台太舒适，就不想花时间在其他平台上练就扎实的技能。另一方面，不要攀附在一个渐渐没有回报、利润压缩的领域上，即使它是你的最爱。即使你确信自己做得对，也要不断尝试。如果你愿意冒着风险走出舒适区，从长远来看，这会救你一命。很多人的竞争对手在五年前就预测到了照片墙会大火，并且熟练掌握了它的运用，而你们还在争论是否要注册一个账户。别再犯这种错误了。

我如何全力出击

安德鲁·阮，德鲁品牌

IG：@BRANDWITHDREW

"我的市场先是脸书，后来变成了推特。人们不关注脸书，跑去玩照片墙，又对推特没了热情，回到了脸书和色拉布。"焦点在哪里，安德鲁·阮就跟着去哪里。

安德鲁可能会追随焦点，但他总是遵循自己的步伐前进。17岁那年，他想要接受弗吉尼亚州汉普顿的一所小学校的奖学金，好好学习，成为一名药剂师，走一条传统的路子，取悦父母。但第一学期末，他几乎每门课都不及格。考虑到更适合他的方法，他转而选择了一个为期五年的 MBA 课程。

他没有告知他的父母。

直到夏天他才坦白。他们自然很生气，还说如果他真想读个MBA，在家乡马里兰州拿这个学位还便宜点。但安德鲁不愿意离开汉普顿，因为他在那里帮别人理发，已经小有名气了。安德鲁从父亲那里学了理发的手艺，他的父亲从越南来到了美国，上过理发学校。安德鲁发现自己住的宿舍里全是需要理发的人，就看到了商机，在门外挂了个理发招牌。生意很好，有时他一天能帮十个甚至更多的人理发。他当 DJ 也混出了名堂。他发现校园里最受欢迎的DJ 是一个大四的学生，那个人一旦毕业了，总得有人接班吧。安德鲁就在想，我为什么不顶上呢？他用理发赚的钱买了一套扬声器和一些 DJ 设备，把它们带到宿舍。他开始免费为一些活动伴奏，慢慢地建立了自己的品牌。当红的 DJ 发现了他的潜力，将他纳入麾下，每次都会对他做必要的介绍，好帮他吸引酬劳高的客户。"我真的有种命中注定的感觉。我注定要留在这所学校，注定要遇见那些我将要遇见的人，注定要开拓这些事业。我到达了这样一个阶段：当我意识到我真心相信这一愿景时，我愿意排除万难去实现它。"安德鲁的父母非常生气，完全和他断绝了关系。他被迫自食其力，连住宿费都给不起。最后他住进了自己的车里，在学校的自助餐厅工作，这样就解决了吃饭问题。他成了美国海军陆战队的预备役军人，赚取学费。然而，最后他将自己的 DJ 品牌打造成了一个为校园和城市服务的市值六位数的繁荣企业（前任 DJ 泰勒·奥斯汀·詹姆斯变成了他的导师，这个人和贾斯汀·比伯的官方 DJ 泰伊·詹姆斯一样赫赫有名）。

安德鲁不必再理发了，但几个月来他一直无家可归。存钱成了他的首要任务。他决定利用他的 MBA 学位找一份工作，能有稳定的收入，同时学点企业界的物流知识。他进了百事可乐公司，从事销售和市场营销。同时，他决定成立自己的营销机构"O 代理"。

"我的激情不在于理发或 DJ，而在于把自己塑造成一个 DJ，一个门面，一个品牌。品牌和营销涉及心理因素，有时很难量化。你必须关心人们，并向他们展示出你的品质和工作。"

为了锻炼自己的知识和技能，他还决定为他的朋友巴卡里·泰勒制订一个营销计划。泰勒是一名培训师，他前一年夏天在华盛顿地区开办了一系列免费的新人训练营，因此在当地让自己的品牌"巴卡里体训"有了点名气。泰勒有技能和魅力，安德鲁有商业和营销背景。他们共同发起了一项大型品牌推广活动，即"东海岸无借口"巡演，试图建立品牌知名度。

这次巡演取得了巨大的成功，但安德鲁几乎要破产了。"那是我一生中最艰难的一年，甚至比我在车里睡觉，比加入海军陆战队更艰难。我知道大多数生意都会以失败收场，我没什么胜算，也不太可能成功，所以我早上四五点钟就起床，每天为百事可乐工作十二小时，下午六点到凌晨两点再处理 O 代理的工作和巴卡里的事情，同时还在做 DJ。"

感谢上帝，百事可乐生产功能饮料，安德鲁还能免费喝上两口。

不到一年，他就做到了。他不做 DJ 了，提前两周就给百事可乐公司递了辞呈。在 O 代理成立的六个月内，他就迎来了他的第一个美国橄榄球大联盟客户。时至今日，他合作的品牌有 7 - 11、苏富比等。

大约两年前他才读了《出击！》，但他的想法再次得到了印证。"看到比我成功好几倍的人说出我早有的想法……大家的思维才是让我激动的地方。太多人证实了，我做的是对的。"

他以前一直优先发展 O 代理品牌，直到最近，他想要等到自己拥有能展示自己努力的成果了，再推出自己的个人品牌。

"你想怎么标榜自己都行，但如果你没有任何信誉、成果，再怎么贴标签也是做无用功。只有有价值的东西才卖得出去。"

既然他能够从商业中"解放"自己，那么他已经开始建立个人品牌了，即 BrandwithDrew。

现在我处于这样一个阶段：我意识到我可能再也不会破产了。我真的找到了我的激情。我真正想做的是去拉一把那些迷失的人，特别是千禧一代。往深了说，我更想关注少数人群。

这是我真正追求的商机，让自己到达某个位置，真正对别人施以援手。这不是钱的问题。我做很多事情都是无偿的，因为我更关注的是影响，而不是金钱。

我甚至不再把我所做的事情看作工作。我非常喜欢我做的事。我想继续演讲，建立自己的品牌，写书，举办活动，帮助人们。我愿意为此奉献我的余生。

这就是建立强大个人品牌的七个关键要素。我希望读过《出击！》的读者能产生一种熟悉感。这些话不可能唠叨得太多、太频繁。你知道我是怎么知道的吗？因为每年我都重复了 N 遍，按这种频率，你们当中应该有成千上万的人达到了目标。但大部分人都失败了，对此，唯一的解释就是他们不相信我的话。为了起到强调作用，也为了调节气氛，我夸大了很多，但我说的话并不是在开玩笑，如果在打地基的时候，你就千方百计地偷工减料，那么你是站不稳脚跟的。这是事实。

还有第八个关键要素。这个要素见证了多年来的一些重大发展，至关重要，值得单独列一章出来细讲。

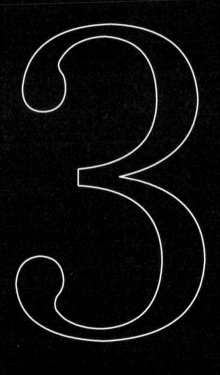

三 │ 第八个关键要素——内容

利用社交营销网络让个人品牌转化为生意赚钱，需要两个支柱：产品和内容。

——《出击！》第五章

恰当的产品和内容始终是打造充满活力的个人品牌的关键。这一点永远都不会变。但怎么创作内容，怎么增加它的影响力肯定是可变的。在《出击！》中，我建议使用一种社交媒体，即 Web 服务（有人记得 Ping.fm 吗？），同时在各大不同渠道上发布内容。不过，后来我才意识到这里存在一个误会。我应该明确指出，这不是说你应该在多个平台上发布相同的内容。相反，我希望你能创作出高质量的本地化"微内容"。对于刚接触这一领域的人来说，这意味着内容设计要具有针对性、吻合度，能与你要发布内容的平台相契合。推特上的用户和照片墙的粉丝想看的内容并不一致。如果你不是单纯从博客上剪切粘贴文字，或者把本该放在 YouTube 上的十分钟视频发布在脸书上，那么它的影响力会更大。即使你的粉丝在不同的平台上都关注了你，人们在访问一个平台时的心态也与访问另一个平台时完全不同。在推特上，他们可能会尝试追踪时事要闻；在脸书上，他们可能会和亲友叙旧；午休时间就在色拉布上偷得半日闲。想要打发漫漫长夜时，他们就会去 YouTube 上看一些长视频，就像上几代人看电视一样。你应该规划一下如何调整内容，好吸引每一个平台的观众，说不定哪天他们就会访问你的主页了。

要创作这么多内容，听起来似乎令人望而生畏。但如果你愿意的话，可以立足于一大支柱性板块，再将其细分为其他更小部分的内容（类似兔子的繁衍方式），那么管理起来会更容易些。我和我的团队为"维纳人才"（VaynerTalent）制作的图表是这个概念最好的阐释。"维纳人才"是"维纳媒体"（VaynerMedia）的一个部门，是我为竭力打造强大个人品牌，需要借助外力来实现持续发展的网红们而建立的。这一项服务只提供给精英中的精英。如果你正在读这本书，你可能还没走到那一步，但我希望把你需要了解的东西教给你，这样总有一天，等你足够优秀了，你会需要我们的。无论如何，我们用这张图表来说明我们的策略，看看如何从一项"支柱"内容中创作出无限的微内容：

这些细分的内容实际上是什么，要选择哪些平台，都是你要搞清楚的问题。第二部分会详细讲解。

我在《出击！》中说过，精彩的内容等于激情加专业知识。虽然人们争当各种社交媒体网红的可能翻了个倍，成为第八十八届最佳威士忌照片墙红人也有了盼头，但你必须确保不断学习新知识，向人们提供他们在别处看不到的信息和见解。此外，你必须塑造出自己独特而难忘的标志性风格。你的内容必须出彩，除此之外，别无他法。对一些人来说，现实可能像被毒蛇咬伤一样痛苦不堪。抗蛇毒素在这儿：你不必等到自己成为专家，设计出一个完美的网站，写了十篇完美的博客，才开始创业。恰恰相反。

记录，而非创造

2009 年，我觉得"你甚至可以把学习过程变为内容的一部分"，但只寥寥几笔带过。如果你还年轻，还在建立信用，这不失为一个偏门的、可行的解决办法。从那时起，我开始意识到：实际上，学习过程应该做成内容。这意味着，如果你激情充沛，就算懂得不多，也不算问题。我们最爱的偶像并不是那些在庄园宅邸里土生土长的人，而是那些在地下室瞎捣鼓的人，在汽车后备箱卖东西的人，他们的一生起起落落。我们唯一无法谅解的，是那些否认自己的缺点或错误的人。

的确，精彩的内容取决于出色的故事讲述，全天下的故事都在别人的唇齿间咀嚼过，但你不曾，你是独一无二的，你可以提供细微的变化、视角和细节，其他人做不到。这意味着你不仅有能力缔造出独一无二的创意，而且你本身就是独一无二的创意。不要担心创作一个诗意的 YouTube 视频或发布一个精练的脸书状态帖子能不能引起人们的关注。相反，利用所有可用的平台记录你的真实生活，说出你的真心话。让人们知道你是谁，让他们看着你如何变成你想成为的人。

2015 年年底，我的摄像师德罗克开始带着摄像机，在上班时间到处跟拍我。相机关掉时，要么我在参加一些必须谨慎对待的会议，要么我去了洗手间。我想让大家看看，到底什么叫"忙碌"，我又是如何争分夺秒挤出这么多生产力的（顺便证明一下，即便你已经"成功"并且"举足轻重"，在面对日常打交道的人时，你也不必表现得像个傲慢的混蛋，尤其是对那些服务行业人员）。我觉得重要的是通过视频，我可以澄清一个在我的私信里频繁出现的猜测，说我夸大了自己每天的工作时长。我想让人们亲眼看看，我是认真的，周一到周五我确实从早上六点开始忙活到晚上十点，而这样的工作节奏已经持续了将近十年。

然而，最重要的是，我想为像我这样的人提供一个学习工具。我通过"观察"和"动手"，而不是"阅读"来学习。有人发信息告诉我，看我和屏幕上的人互动，在车后座随口一句抱怨，他们都能学到一些有价值的东西，对我来说，这种情况并不少见。我几乎可以肯定，在大多数情况下，那些时刻对任何人来说都毫无价值，所以当听到有人说某一天我帮到了他，我觉得真的意义重大。我不可能和每个需要建议的人都面对面会谈，但我能以身作则，让他们有所收获。没有人能够百分百准确地预测未来会发生在我们身上的事。我们大多会去见约好了的人，但也会遇到不期而至的来客。我们大多会参与安排好了的谈话，但谁能预料谈话的走向呢？记录可以确保捕捉到每一次接触、约会的剪影，这样当我经历某一个可以呈现给粉丝们珍贵内容的瞬间时，我就不会措手不及了。记录把我从不得不一直创作的压力中解放出来。

每天刷几遍色拉布、照片墙故事、YouTube 视频、脸书直播，通过自己的双眼分享世间万物。让你的粉丝见见你暴脾气的叔叔，看看你午餐吃了些什么，跟着你艰难地做完你又爱又恨的运动。让他们瞧瞧你离婚后的第一间公寓或大学宿舍，和他们分享你的度假和出差。把自己想象成一个节目以及制作公司的明星。

你日常生活中的每件事都是有趣和新鲜的吗？那要看是谁拍摄的了。制作一部个人纪录片并不简单，但肯定比拍摄《摩登家庭》要容易得多。你觉得哪一个出品更快？成本又有多高？试试看。也许你会不喜欢（我花了几个月才适应了无论到哪里都有相机跟着我的生活），也许你会失败。但也许你会吸引到大量的粉丝，这会让你获得高达 8 万或 38 万美元的年收入，这些都来自建立了强大的个人品牌后，找上门来的广告、加盟、演讲活动、书籍、赞助和其他衍生的赚钱机会。你永远都不知道你要发布的内容会吸引到哪个重要人物向你抛出橄榄枝。看到你工作状态的人会带着自己的想法、提议和合作机会来找你。如果你的理念和他们不谋而合，他们就会买账。就算你没有成为下一个卡戴珊①，你也会发现，做一些你觉得有趣的事情也能合理地补充你目前的收入。

如果你想着有朝一日能辞掉目前的工作，那么记录对于创建个人品牌来说是一个特别有效的策略。在你还不急需赚钱时，就建设个人品牌，为你所在的领域增加人气，那么当你准备好离开目前的岗位时，你的品牌就会在那儿支撑着你，带领你走向下一个机遇。

现在，这个策略只能解决一个问题：如何从零开始建立信用。但是，如果你的内容不忍卒读，这个策略也帮不了你。对不起，这是一个无法回避的事实：你所取得的任何成功都将取决于你的内容质量。别认为你可以随便发些无聊的视频和博客，取得平凡的成绩就好，更别以为半途而废也能达到你想要的一半目标。也就是说，你现在很差劲，并不意味着你永远都会这么差劲。我们采访过不少创业者，他们第一次制作视频或播客时，也不知道自己在做什么，但效果渐渐地显现了。他们每天都在重温这项工作，分析内容，与观众互动，看哪些能引起共鸣、哪些则不能，并研究其他的个人品牌，看看他们能采取哪些策略进行自我调整。他们像外科住院医师练习缝针或像未来的职业篮球运动员练习上篮一样，紧张而有条不紊地练习自己的技术。

记录能让你保持诚实。每当我看到 19 岁的年轻人和刚毕业的大学生在照片墙个人资料上把自己定义为"创业专家"或"社交媒

---

① 金·卡戴珊（Kim Kardashian），美国娱乐界名媛，服装设计师、演员、企业家。

体生活指导"时，我都会忍俊不禁，简直说得煞有介事。其实，没几个人有资格这么称呼自己。年轻女孩们会在资料上标榜她们是美容专家。不，她们只是美容达人。除非你在工作中投入够多，而市场也决定了你的地位，你才能称自己为"专家"。小时候，我坐在爸爸的车里，告诉他我要成为一个葡萄酒专家，创立全美最大的酒类商店。但未满 21 岁，我就不能喝酒。评论家和葡萄酒标签上说，葡萄酒味道就像草泥、樱桃、烟草，于是我在 21 岁前学习这一行时，为了开发味觉，把这些味道的食物都尝了个遍。只有当我到了一定年纪，确信自己能给顾客提供独特的真材实料时，我才走向大众，根据自己的专业知识打造品牌。那年我 30 岁，而我每周都要品尝上百种葡萄酒，这一习惯已经持续了十个年头。

如果我能给 17 岁的自己一些建议，我会告诉他，把摄像机打开，捕捉自己训练的每一分钟。能和大家分享我第一次吃土的瞬间，多美妙啊！我可以拍下自己品尝 35 种不同的梅鹿辄①的情景，告诉观众，"终有一天，我就算蒙着眼睛，也能告诉你哪种是哪种"，等到三年后，我再拍下自己盲尝一排红酒，并正确甄别那些梅鹿辄的场面。然后我可以拿两个视频做对比，向世人展示，我走了多远。这会是诚实的行为，也会是一个精彩的故事。26 岁的时候，我成了今天的我；遗憾的是，抵达这一阶段的整个过程都湮没在历史中了。当然，我可以在书上和主题演讲中讲述我的故事，但

----

①　梅鹿辄（Merlot），法语意为"小黑鸟"，是世界上种植最多的三种葡萄品种之一，用于酿造优质葡萄酒。

想象一下，如果我当时曾有过把生活记录下来的念头，我就可以给人们详细地分享经验教训，提供我的学习曲线，他们还可以看到我犯过的错。那些想成为美容专家的人也可以参照这一模式。与其去百货公司，从化妆专柜的销售代表那里寻求化妆建议，再拍下自己像复读机似的照葫芦画瓢的模样，假装那是自己的想法，还不如去化妆专柜提问，在教育自己的同时也教育观众。以后他们可以用这些知识创作新内容，回头反复地引用视频。

记录不是因为捕捉到你的趣味瞬间才珍贵，而是因为它能让人们看到你十年后的变化。卡修斯·克莱 21 岁时就宣称："我是最伟大的男人。"为了证明这一点，他不断努力，最后成了穆罕默德·阿里。为什么你就做不到呢，哪怕没那么辛苦？想想，如果你看到贾斯汀·比伯 12 岁时唱歌的片段，看到迈克尔·杰克逊和摄像师在舞室里为排练《颤栗》录的像，你会有什么感受？你能想象我们看着王薇薇剪下她的第一个图案，缝制她的第一件婚纱吗？或者我们能否了解乔治·卢卡斯在南加州大学构思他的学生电影时的想法呢？我指的并不是现在看到的自传或采访，而是分秒不差捕捉到的某个瞬间，在那些记忆还未被理智打磨前，我们就已经把它们储存到了自己的脑海中。能看到伟人的成长，见证伟大事物的发展是一件多么美妙的事。如果你录下了自己的人生旅程，终有一天你也会成为他人的灵感源泉。

记录还是你可以查阅的档案，有助于查证你早期的承诺，换成我的说法就是，有助于赚点小钱。举个例子，2012 年的时候，我说脸书收购照片墙才花了 10 亿美元，简直是白捡的，大家都以为我疯了。照片墙最新估值高达 500 亿美元（在我看来，应该更高），我把那段旧视频发上网，莫名开心得很。把你的事业记录下来，你就能有很多机会说："我早就说过了。"我把最近和凯尔的会面拍了下来，他是一位说唱歌手，被评为 2015 年"你必须知道的 10 位新艺术家"之一。我们在一起讨论音乐、市场营销和歌曲创作，体验非常棒。十年后，等他变得和埃米纳姆①一样出名时，成千上万的影迷们将会看到他的这段视频。而很多人也将因此得以认识我这个人。那对我来说就更棒了。

很多伪专家会自圆其说，声称这不过是让他们接受"假装自己可以，直到成功为止"的那些老生常谈的建议嘛。但没有人需要这么做了。人们过去不得不假装的唯一原因是，他们必须说服把关的人——经纪人、导演、出版商、音乐制作人、星探——给他们需要的机会来证明自己。但现在互联网扮演着中间人的角色，它无法阻止你展示自己的作品。秀一下你的作品，看看市场对它有什么看法。如果没人喜欢，就把它撤下来（留着也行，供日后参考），改一下，再试一次。敢于冒险，吸取教训。丹尼尔·马克姆的 YouTube 频道"切割狂魔"拥有 500 万订阅者，但他之前也推出过好几个视频频道，直到这个才引起了人们的关注。一旦有了人气，他就运用他从失败中总结的经验来改进频道的内容质量、用户

---

① 埃米纳姆（Erninem），美国著名说唱歌手、词曲作者、唱片制作人、演员。

体验和赢利策略。

还有一个不去假装的理由。那些沉迷于你所伪造的假象的人，一定不是你在未来十年，甚至十个月内希望拥有的粉丝。同时，假装会让你失去信誉，留不住业务增长和维持所需的顶级客户。为了短期收益而牺牲长期增长，我认为从长远来看，创业者会处于弱势地位。当人们发现你总在弄虚作假，谁还会相信你呢？

当个新手可以，但玩弄他人不行。我希望你能明白这当中的区别。能见证一个人经过深思熟虑、谋划布局，最后从容不迫地步入职业生涯，确实很激动人心。拥抱你的蜕变吧，在很多方面，这会带给你优势。你也许会拥有崭新的活力和热情，而许多更为老到的专业人士早已丧失了这些品质。这多吸引人啊。况且承认自己还在学习，人们就更有理由来检查你的进步了。等到你终于可以说"我早就告诉过你"的时候，你也会更加兴奋。你有没有试过在看电影或电视时，发现大屏幕上突然出现了那个出演过学校所有剧目、整天说要进好莱坞的小孩？或是看到一个认识的人出现在全国性杂志的封面上？这几乎不可能不令人激动。"天哪，我认识他！他做到了！"从那时起，只要一聊到他，你可能就会说起他还籍籍无名时，你就已经认识他了。现在趁你还兴奋着，想象一下，如果你这个老朋友知道上百个老同学都作出同样的反应，他会有多么激动。如果他曾因觉得自己天资聪颖，可以成为明星而被嘲笑或贬低，那么他会更兴奋。相信我，这感觉会很好。如果你把你的经历记录下来，人们就可以看到你为实现这一目标付出了多少心血。如果记录的人够多，那么一夜成名的神话就能被一举摧毁了。

既然将作品公之于众，你就要对得起它。只要它有价值，而你也了解它的价值，那么就别妄加评价，让市场告诉你正确与否。新事物总是层出不穷，要脱颖而出，唯一的途径就是呈现真实的自己。创作吧，做好你自己，做到实至名归。

你的天赋只能带你走这么远。想做到最好，你就必须不断努力，但别做完美主义者。完美是不存在的，这是一个完全主观的概念。当我们允许人们近距离了解我们，发现我们的缺点，也就赢得了他们的尊重和忠诚。这可以消除一切误解，你必须让这个过程顺其自然地发生。还记得吗，以前人们还会用科比和碧昂丝的姓氏来称呼他们呢。

我如何全力出击

里奇·罗尔，里奇罗尔企业

IG：@RICHROLL

一段平凡的人生道路，却让里奇·罗尔走上了名气的巅峰。那一年是 2006 年，这个 39 岁的中年男人应有尽有：他是一名文娱律师，收入丰厚，爱妻是一名时装兼室内设计师，事业成功，他们有四个健康的孩子，还有一片坐落在马里布峡谷上的一万多平方米的庄园。

但他很痛苦。

多年来，他一直都盲目地追求着美国梦。他为自己规划妥当，打得一手好牌。"我申请的每一所大学都成功了，哈佛、普林斯顿……最后去了斯坦福。在大学时，我是世界级的竞技游泳运动员。1994 年我从康奈尔大学法学院毕业。我做的一切都是为了进最好的学校，努力学习，进最好的法学院，找最好的律师事务所工作，努力工作，早早上班，晚些下班，给老板留下深刻印象，成为合作伙伴，买一辆好车。"

他都做到了，甚至是在暗自拼命戒毒戒酒，差点毁掉自己一生的情况下。然而，尽管他清醒了过来，也获得了所有的物质上的成功，他所期望的幸福仍然难以捉摸，他陷入了生存危机之中。

我看了一圈律师事务所，发现自己并不想成为我目光所到之处的任何一家的合伙人。我不想要过他们那种生活。这并不是我不尊重他们，而是他们身上没有任何我想为自己争取的东西。这给我制造了一个巨大的疑团。我花了这么多时间、金钱和精力，年复一年，来到这个地方，却觉得自己被困住了。我不知道怎么能摆脱这种困扰。我从来都没有停下来想过：什么能让我快乐？或者，我热衷于什么？因为这些根本不会出现在日常谈话中。

后来，40 岁生日的前一天晚上，里奇在爬自家的楼梯时，开始猛出汗，不得不停下来喘口气。他发现这么多年来，他一直在吃垃圾食品，拼命工作，结果增重了 50 磅[1]，现在身体来向他索要代价了，人到中年他就患上了和祖父一样的心脏病[2]，而这种病夺去了祖父并不年迈的生命。在那一刻，他对健康的综合考量和生存危机的浮现让他对自己的生活方式来了个大改造。

真的就在一夜之间，他开始了吃素和跑步。两年内，在妻子的帮助下，他从一个肥胖的懒汉变成了一个世界级的超级耐力运动员。他的妻子是一个健康生活实践者，对东方的疗愈和灵性很感兴趣。他离开了律师事务所，开了自己的精品店。

> 健康的生活方式真的从身体上、精神上、情感上改变了我生活中的方方面面。我瘦了好多，皮肤变好了，感觉特别棒。我反应更灵敏，睡得更好了。短短的时间内，我发生了如此巨大的变化，这一事实让我意识到身体是多么的有韧性。我开始来了兴致，想要测试一下自己身体的极限。我开始想，如果我能在这么短的时间内做出如此巨大的改变，那么我还能达到怎样的新高度呢？

虽然他非常高兴自己抛弃了那些耗竭他的潜能的生活方式，但他仍然不确定自己要往什么方向奋斗。如果耐力运动员的身份能让他维持生计，他早就干了。但他还有一个家要养，还有一笔抵押贷款要还，耐力项目根本赚不到钱。

也许这只是他以为而已。里奇非常重视 2008 年的超人世界锦标赛，这是一项全长 320 英里的铁人两项超耐力项目，为期三天，在夏威夷举行，他成了第一个完成比赛的素食主义者。媒体开始联系他，想要进行采访。大家都想知道：一个完全吃素的 42 岁中年男子，如何表现出如此高的水平？这是闻所未闻的。突然间，里奇意识到他所做的事情可能会引起他那个小家庭以外的人的兴趣。

里奇在社区①和脸书都有账户，他很早就开始用推特了。但他仅仅是"像普通人一样"玩推特。现在他发现人们对他的饮食和训练方法都很感兴趣，他便向一位朋友提议，要拍摄自己在夏威夷的一个夏令营为 2009 年世界超人锦标赛训练的情景。"我们买了一个小翻盖相机，开始每天都拍摄我们为这些疯狂比赛训练的视频。我们就说：'给你看看幕后，这是我吃的东西，这是我的训练方式。'我们会把这些上传到 YouTube 上，不过是超级大块头业余拍的视频，才短短的 5 到 10 分钟，浏览量却高达几千次！我简直不敢相信。"

正是在为比赛训练时，里奇读了《出击！》。

我已经看得出这些社交媒体工具为我带来的好处了，尽管我还不知道它们会转化成何种实际的职业，但我相信它们的力量。我相信，如果我加倍投入，某一天总会收到回报的。（这本书）佐证了我脑海中斟酌的想法，给了我一个非常实际可行的努力方向。也许更重要的是，加里在书中说的重点我全都记在心上

---

① 社区（My Space），美国在线社交网站。——编辑注

了，直到今天我仍牢记不忘，那就是，你一定要有长远的眼光。

当时我并不想通过推特粉丝搞品牌交易之类来赚钱，我不在乎社交媒体有没有收入。我想做的就是提供有价值的内容，让大家乐一乐，多了解点信息，这对他们是有帮助的，而我并不求任何回报。因为我知道，总有一天——可能得好几年以后，我将有能力吸引他们回头关注我。当下，我所关心的只是努力培养和照顾好这些粉丝而已。

（当时我）没有想过尽可能地扩大规模，只想确保那些关注我、花时间跟踪我动态的人，能得到一些对他们生活有益、有价值的东西。从专业的角度出发来看待问题，把我的思维方式转变成实践者的思维方式，本身就具有强大的影响力，同时也赋予了我力量。

他变得更有目的忄生了。

但我不会掉以轻心，把它当儿戏，我真的会思考："好吧，这一条推文、视频或脸书帖子的目的是什么？传递了什么有价值的内容？是一条思慕雪（smoothie）配方吗，一招训练策略吗，还是关于如何做到为人父母的同时进行这种疯狂比赛训练而不会离婚（的建议）呢？"

第二年，也就是2010年，里奇在七天内完成了五次铁人三项挑战，就是在夏威夷的五个岛屿上举行的五个超级铁人三项赛。

他投入双倍的时间写博客，和粉丝互动，因为"分心"和"心不在焉"而受到身边人的百般指责。

里奇百分之百支持我的理论：社交媒体粉丝的质量比数量重要。于是，他第一次赚钱的机会来了。他接到了 CNN 首席医学记者桑杰·古普塔的电话，这时他已经写了四年的博客。原来古普塔一直在看他的博文，他想去里奇家里采访他。里奇突然意识到，他默默无闻的日子可能要结束了。"我心想：天哪！数以百万计的人将在 CNN 上看到我。我应该做点东西出来，放在网站上，让人们购买，说不定他们对我的日常感兴趣。于是，我花了整整一个晚上的时间，用妻子神奇的素食食谱制作了一本网络食谱。"他花了 18 个小时，用自己蹩脚的 PS 技术把一些照片和食谱拼凑起来，制作了一本电子书，以 9 美元的价格在网站上售卖。

采访迅速走红，里奇为 CNN 写的博文连续三天在 CNN 主页上位列头条。他编辑的那本 9 美元的电子食谱在一夜之间卖出了天价，大约可以抵消两年的家庭抵押贷款。

不久，有人提出要以 15 万美元买下他第一本著作《奔跑的力量》（*Finding Ultra*）的版权。

我意识到那本书将成为一个支柱，彻底地颠覆我的生活。因此我不仅非常用心地雕琢，让它臻于至善至美，还加倍努力地推销这本书，因为我意识到，如果我不投入全副精力让它面世，它将会像其他所有书一样石沉大海。然后我就得回去当律师了，这是我最不想做的事。

里奇绝不言弃，有人邀他撰稿他就写博文，有人让他出镜他就去拍播客，有人要采访他就接受，他乐意在任何一个群体前演说，即便听众只有四五个。他还聚集了他的社交媒体粉丝群。"我的确呼吁我的观众说：'对，这是我的书。帮忙让它出版吧。帮我一把。我给了那么多干货，你们也是知道的。如果你们从我的任何内容里学到了东西，就帮我宣传一下吧，我会感激不尽的。'"

2012 年的一天，《奔跑的力量》在各大书店正式发售，也正是那一天，里奇决定他不再从事法律行业了。他确信自己可以要到足够高的出场费，便放弃了他的律师生涯。但是，虽然他很受欢迎，人们却并没有那么多需求。失去了律所收入和其他持续的收入来源，即使他能靠卖书和演讲赚钱，夫妇俩赚的也不足以维系长期的家庭生活。接下来那几年，他们过得窘迫而拮据。

　　我有康奈尔大学的法学学位和斯坦福大学的大学学位，要重新找一份轻松高薪的工作非常简单。所以对我来说，最困难的就是坚持到底，对此说"不"，即使房子被止赎①，我们不得

---

　　①　美国人在购买房屋时，多数采用按揭形式。有些购买者由于没有资产可供抵押，所购买的房屋便充当抵押品。房屋所有权归提供贷款的机构。购买者按期还款给放贷的机构，这个过程称为"赎回"。如果购买者因故不能按期还贷，超过期限的房屋便被"止赎"，停止赎回，房屋便归放贷机构所有。

不在外住了两天，即使自家的桌上连食物都没有，即使车子被回收。我犯了很多错误，可以说我的某些决定是轻率的；2013年是非常艰难的一年。在那些黑暗的日子里，我认识的每一个人都告诉我，我疯了，我太不负责任了。

他想办法找到了一份短期工作，帮一个朋友在夏威夷创建一家新生态商业公司的媒体平台，并为此搬到了那里。里奇是一个超级播客迷，他推出了自己的"里奇·罗尔播客"，在那个平台上，他可以分享个人见解，让听众听听他和有趣的来宾讨论问题和构思。他的播客将来会变得极受欢迎，稳居 iTunes 播客的前 10 名，但要通过广告赚钱，此时还得熬两年多的时间。他一直都在更新自己的博客和 YouTube 频道。里奇承认，当他陷入自我怀疑，并开始质疑自己的判断时，是妻子朱莉让他咬牙坚持了下去。"她一直告诉我我必须这么做，敦促我顾全大局。当我的灵魂和思维都沉沦在黑暗之中，一切都成了疯魔。我到底在干什么？但她鼓励我说'你得坚持下去'。我们在夏威夷还睡在圆顶帐篷里，她依旧鼓励我：'我们会解决这个问题的。'"

里奇一家又搬回了旧金山，事情开始有了转机。银行同意重新协商抵押贷款，他的听众持续增长，越来越多著名的播客邀请他出镜。他和高盛等公司预约了更为出名的演讲活动，签了第二本书《素食的力量》。2015 年春天，该书已经面世。他的影响力和人气极为广泛，被认为是"网红中的网红"。[3]

里奇的故事有个童话般的幸福结局，但他很快就重申，他能有今天的唯一原因就是他全力以赴了，他的爱妻也愿意和他并肩作战。他深深地意识到家人在守候他找到自己的道路时，承受了多少牺牲和艰辛。

　　走到今时今日，我吃苦受累了许多年。为了追求梦想，我不得不舍弃房子，在物质上重新规划我的婚姻。如果没有朱莉，我是不可能做到的；她一直坚信我会成功。我们孤注一掷才求得今天，求得这一切。这一切都是值得的，但并不容易。直到今天，我13岁的女儿一点都不想回夏威夷，因为她把夏威夷看作一个创伤之地。我有两个儿子，一个21岁，一个22岁。那时，日子确实很艰难，但他们也因此看到了父母追求梦想、共渡难关的毅力。我想，这类情况可能会让婚姻和家庭破裂。但在我们的案例中，它反而让我们更贴近彼此了，这实际上给了孩子们一个重要的教训。就像，看，生活很艰难，你往往得不到你想要的。但我们患难与共，同舟共济，这给他们上了宝贵的一课。我认为这能让他们放长眼光，珍惜我们所拥有的。他们也是这么告诉我们的。我的女儿把夏威夷视为创伤之地，我很愧疚，但我现在变成了一个更好的爸爸。如果为了保住房子，为了让女儿不难过，我就回头当律师，能当哪门子榜样？

　　我这么做是出于热爱。我迫切地想找到一种新的生活方式。我喜欢做播客，喜欢写书。现在每一天我都会收到邮件说："你改变了我的生活。你都不知道你对我产生了多大的影响。"我敢肯定加里已经收到过无数封这样的电子邮件了，但对我来说，从不久前默默无闻的状态一跃成为知名网红，实在令我震惊和慨叹。这完全归功于我的努力，我拼命学习这些拥有强大力量的社交媒体工具，拼命成为最佳实践者，这些平台让我过上了一种我从未想过可能拥有的生活。

我收到的支持和信息都是关于转变的力量，表明了我们应该书写自己的人生故事，要勇于放低姿态。每个人都拥有内在天赋，不仅要作出改变，还要挖掘体内沉睡的巨大潜能，提高个人的行动力。我一个 44 岁的中年男人，平日吃素，在一周内就能在夏威夷的五个岛屿上完成五个铁人三项。我并不认为自己有什么特别之处，这说明了我们体内都隐藏着未开发的潜力。我以这项成绩为例，只是作为一个比喻，我们可能忽略了自己生活中各种各样的事情，也许我们应该对它们投入更多关注。

2017 年 9 月，里奇完成了世界上最难的耐力赛之一——跨岛（ÖTILLÖ）游泳跑步世界锦标赛。ÖTILLÖ 是瑞典语"从岛到岛"的意思，在该比赛中，参赛者在斯德哥尔摩群岛的 26 个岛屿上连续游泳、奔跑 46 英里。里奇和他的队友花了将近 11 个小时才完成比赛，比优胜队落后了 3 个小时。在接受《纽约时报》采访时，他承认这次比赛是他经历过的最艰难的事情。[4]但他补充道，这个经历佐证了他经常和粉丝们分享的一条重要信条："最重要的是要明白，有时你会萎靡不振，但这种状态并不会一直持续……只要你坚持下去，就会迎来转机。"

四 │ 什么正在阻止你？

罗列出这八个关键要素：目的、真实性、激情、耐心、速度、
职业操守、吸引顾客关注和掌控社交平台的能力，以及内容，你便
看到了最接近我所说的成功之道的定律。但我明白，就算是所谓的
定律，也不足以让你们当中的某些人行动起来。每一天我都会遇到
信誓旦旦要"创业"的人，但大多数都只是嘴上说说而已。我让我
的团队把他们听说的最常见的借口，不管是在内容评论区出现的，
还是在和其他斗志满满的创业者互动中听到的，整理成了一张清
单。具体如下：

> 我有一份全职工作。
>
> 我没钱。
>
> 我有好几个孩子。
>
> 我没有时间。
>
> 我的行业有太多严格的行规。
>
> 我想发明一个应用程序，但我不懂编程。

我的父母不理解。

我的家人不支持。

我担心我的朋友会赶超我。

我还没读完我的人生教练布置的书单。

没人看啊。

读我文章的人寥寥无几。

我没什么可以追求的灵感。

我没有合适的设备。

我不知道应该怎么开始。

我年纪太大了。

我是个艺术家，不是商人。

我感兴趣的东西都不能赚钱。

我怕被人黑。

这全都是废话，有一些简直想让人问："你他妈在玩我吗?"向这本书投稿的有一百人左右，我们缩减了名单，最终收录进书中的投稿者中，只有少数人在决定全力以赴之时拥有较为体面的收入。许多人身无分文，或勉强维持生计。有几个人有年幼的孩子要养，其他人老大不小，都可以当祖父母了。其中至少有三个人在牢里蹲过。你可以把这些事例当作逸事写出来，但请记住，我们收到的反馈太多了，不可能全部都收录到书中。如果成千上万的人都找到了成功的契机，难道你不可以吗？难道不值得试一试吗？

　　至于怕被人黑，对，确实有不少喷子整天抬杠，那是因为他们太闲了。正如贾里德·波林所说，你功成名就时，尤其可能受到他们的非议。不要因为他们而保持沉默，或者学波林，让"唱反调的人滚一边儿去"。有时这很困难，有些人会比其他人收到更为不当和恶意的回复。女性在社交媒体上的经历与大多数男性不同。当然，你早就知道很多人狗嘴里吐不出象牙来。然而，任何一个人都可能随口抛出一句辱骂——"你好丑""你好蠢""你好没用"。想知道最出名的网红都是怎么应付这些废话的吗？他们要么置之不理，要么怼回去。实际上，你在帖子里把收到的攻击性邮件大声读出来，可能就一炮而红了。可不是，泰勒·斯威夫特就写了一首关于这的热门歌曲。厌女症、种族主义、偏执症都是非常现实的问题，但它们不是阻挠你成功的理由。你自身才是理由。说真的，黑子真找上门来，你通通甩掉不就得了。你知道，他们就是把时间都浪费在喷你上才一事无成。你应该可怜他们才对。如果你真想让他们瞧瞧你的能耐，就把他们的无知转化为非凡的内容，献给你的粉丝吧。

　　社交媒体和科技并没有让世界变得比以前更糟。它们不会改变我们，只会暴露我们。这并不是坏事。比起藏匿在黑暗中的那些人，我们能更有效地对付所知和能够识别的邪恶事物。**人们为了解释自己没有付诸行动做自己想做的事，而找的所有正当借口，都可以归结为以下三种恐惧之一，每种恐惧需要的回应都不同。**

恐惧失败

好吧，无论怎样，人们所说的担忧就这些。但我觉得他们真正害怕的，不过是受人评判，那些意见对他们很重要。

我并不是在贬低这些观点。相反，我明白得很。我不在乎别人在想什么，但有时我确实会不遗余力地去扭转负面风评，因为我一样在意别人对我的看法。相信我，我懂的，我尤其理解你为了向家人证实自己而担忧不已的情况。我拥有世界上最支持我的家人，但当我的投资失败了，或是我的预测遭到了阻碍，他们有时也会嘲笑我。所以我完全明白，令母亲失望、让兄弟姐妹嘲笑、被最亲密的朋友轻视有多么令人绝望。但你得想办法克服它。去看心理医生，练练瑜伽，找个催眠师，不管做什么都好，让自己平静下来，拥抱当下，别再管别人在想什么了。答应自己，忽略任何可能削弱你信心的声音。如果反对的是你的母亲，找个机会，态度尊敬地告诉她，你需要的是她的爱，而不是她的意见。如果是你的朋友，告诉他们，谢谢他们的关心，但要么选择支持你，要么滚蛋。你唯一不能忽视的人是你的伴侣，如果你有的话。解决办法就是，和你的丈夫或妻子想出一个双方都能接受的计划。你身边总会有人阻止你做这做那的。**唯一的法官和陪审团必须是你自己。**

根据我的经验，良好的沟通能解决所有问题。我建议所有陷入这种困境中的人迎难而上，和你最在乎的人坐下来聊聊："我要做我多年以前就应该完成的事。以前唯一阻碍我的是我的恐惧，我害怕听到你反对的声音,但你要知道,我现在已经释怀了。我不需要你的祝福,但我明白,当我失败时,我需要你的支持。因为短期内我肯定会面临失败,我希望不会很惨烈。但长期而言,我一定会成功的,如果你能支持我,望我成功,而不是盼我失败,对我来说至关重要。"

谈完,别管他们什么反应,开始吧,干脆点。当你摆脱他人眼光的野蛮束缚,你会惊艳于自己迅速的行动。害怕失败的人,设定的目标比所需的低很多,这正合竞争者的意。

力求稳妥的人无法一鸣惊人。这是你的人生,我向你保证真正毁掉一生的可能性微乎其微。如果不是自我毁灭性的行为,或毫无理智可言的决定,你不可能酿成难以挽回的结果。保持头脑清醒,战略明确,愿意比以往任何时候更努力、更持久地工作,你不会让任何人失望的。实际上,我预言你将会震惊世人。

我如何全力出击

罗德里戈·塔斯卡,塔斯卡演播室
IG: DRIGO _ WHO

罗德里戈·塔斯卡的生活并不光鲜。为了省下租金,这个 31 岁的男人搬回了父母家。他雇了自己的妹妹来负责视频业务,他的演播室就是他的卧室。这和他在纽约的住所差得远了,在那里他给模特拍照,为杂志拍摄幕后视频。不过,他还是觉得自己比某些朋友过得好一点，实际上，他挺同情他们的。

"搬回佛罗里达是有风险的，不过我知道我必须跳出自己的舒适区……我已经不年轻了，但我愿意从头来过，努力工作。每天醒来，做着自己喜欢的事，我非常开心。但我和朋友们出去，他们就会吐槽说：'天哪，我讨厌我现在的工作。'伙计，（勉强）做着自己讨厌的事，实在没道理啊。但他们害怕失败，或者说，他们害怕破坏自己的形象。"

他懂的。如果你告诉女孩们，你还住在父母家，她们很难对你有好感。"我都 31 岁了，当然想要稳定下来。但如果我邂逅了我的真命天女，我们之间必须达成共识。我在努力创造伟大的事业，在未来的一年半里，我必须为此做出牺牲，争取在五年内为我，甚至为我们创造更好的生活。如果你不理解，那么你就不是我要寻找的女孩。"

罗德里戈最初和家人一起经营餐馆，后来进了一家大型企业。大约七年前，他在一个公司的假日派对上抽中了一台 GoPro[①]。他喜欢玩相机、录视频，但他并不打算用它来干别的，直到他去拜访了一个住在秘鲁的朋友。这个朋友是房地产中介，有一天他的摄像师缺席了，他问罗德里戈能否代为拍照。罗德里戈同意了，但随后提出要拍摄这处房产的一些视频。接下来的七个月，他就在秘鲁负

---

① GoPro 是美国运动相机厂商。GoPro 的相机现已被冲浪、滑雪、极限自行车及跳伞等极限运动团体广泛运用，因而 "GoPro" 也几乎成为 "极限运动专用相机" 的代名词。

责房产拍摄和租赁事宜。

回到美国后，他搬到了纽约，在前雇主新开的一家餐馆里做短工，同时在一家网球俱乐部工作，偿还账单。在那里他找到了下一份活儿，给汉普顿的一家人做私人厨师，偶尔去一家餐饮公司兼职。这家公司为 2015 科技周准备餐会时，他发现了《出击！》这本书。他听到了一个白俄罗斯移民讲述了自己赚钱的小伎俩，当时后者还是个小少年，住在新泽西州，会在一元店低价购入沙奎尔①人形娃娃，再退给对街的凯马特超市，骗取全额退款。这种兜售手段对罗德里戈来说很熟悉。他很小的时候，他们一家就从巴西来到了美国。家里经济很拮据，他的父母去好市多超市为餐厅采购时，他就会花六七块钱买一盒糖果，再以每块一块钱的价格卖给他学校里的同学。

他的公寓在皇冠高地，去上东区为客户的家人做饭要坐一个小时的地铁，在通勤过程中，他会听《出击！》的有声书，这说服了他去追求自己的激情，开始摄影。出于经济原因，他不可能上电影学校；他必须在工作中学习。他开始拍摄他的模特室友们，并提出要为他朋友工作的服装公司拍摄。公司把他拍的照片发布在官方照片墙账号上，引起了大量关注，于是公司继续邀请他拍摄另一个活动。那次邀约让他挣了一点钱，但接下来他创作了十多部视频，那是唯一一部获得报酬的，因为双方已经协商好了。他参加的在线

---

① 沙奎尔·奥尼尔（Shaquille O'Neal），前美国职业篮球运动员，已退役。

Udemy① 课程太多了，公司都联系了他，问他为什么神速地学了这么多内容。他能找到谁，就向谁提供免费的服务。"我会找一个参加活动的人，然后问：'嘿，有人为你拍视频吗？'如果他们说没有，我就毛遂自荐。为了进这一行，我只能这样了，不然还能怎么办？我不具备专业技能，但我知道，出去学习，积累实地经验，获取和客户合作的机会，从长远来看，对我是有利的。所以等我准备收费时，我之前在义务劳动中获得的所有技能都会派上用场。"

他的全职工作完美地契合他的训练。他在汉普顿和上东区的客户让他每周去两三天，差不多 40 个小时，剩下的时间他可以自由安排，继续精进摄影技术。"你必须开始建立人脉，这是我的驱动力。一开始进展令人沮丧，但罗马并不是一天建成的。"

过了三个月左右，他为一家大型出版社拍摄幕后视频，终于赚到了 200 美元。他迫不及待地想逃离纽约的冬天，便开始在佛罗里达搜寻这类视频的拍摄工作，他发现这是一片空白市场。在那里没人干这种活儿。于是他决定，他要成为这个市场的开拓者。

2016 年 3 月，罗德里戈搬回了佛罗里达。事情并不顺利。

> 在纽约，我只要找到一个客户，就会包办整个项目、整个过程，包括摄影、剪辑和出片。我以为回到佛罗里达，我还是纽约那一把好手。但我发现，没人在乎我在纽约混得怎样。这

---

① Udemy 是一家开放式在线教育网站（MOOC）。

只是其一。我必须清醒过来，明白《出击!》教会我的另一件事就是建立个人品牌。一开始，我说"嘿，我是罗德里戈·塔斯卡制片公司的罗德里戈·塔斯卡"，大家都懵了："谁?"不出奇，我被很多人拒之门外。后来，我改称品牌为"塔斯卡演播室"，人们就愿意约我见面，听我的说法，了解到除杂志幕后市场之外，还有与之不同的小企业视频市场。因此，改变品牌就是适应市场，不像纽约，你做不了全套，机会就让给别人了；这里的人并不想请一个包办全套的人。这里有些客户才刚创立脸书主页。

尽管一开始没人同意，罗德里戈还是下决心要教他的客户们如何进行网上营销，教他们脸书、照片墙和 YouTube 的基本营销知识。他的坚持和诚意得到了回报。

一年前，我刚创业时，我们给企业打电话，提出免费拍摄，他们说"算了，我们不感兴趣"，"不，我们不需要"。对比一下，现在一天的拍摄，我收客户 1 200 美元。我接下来要去加利福尼亚，我刚从田纳西拍完音乐节回来。太疯狂了，一天的努力和奔波，让我有了今天。

我可以搬出去，但我考虑再在父母家多住一年，再找个办公地点。我的家人非常支持我和妹妹的事业（她辞职了，全职和我工作）。他们说："不论什么忙，我们都愿意帮，我们想看到你们成功。"没有朋友和家人的支持，我真的不可能走得这么远。

恐惧浪费时间

如果你还不到 35 岁，这根本不是问题。如果你厌恶或讨厌要做的事情了，一年内随时可以回到现实世界中去。学校和朝九晚五的工作又不会消失。

值得一提的是，由于害怕浪费时间，很多声名显赫的企业家都错失了重要的机遇。很多人把全副精力投在推特和脸书上，将照片墙的市场拱手让人。当年嘲讽色拉布的那群人现在悔青了肠子。每个平台都值得一定的投资。当然，不是每个人都赞同这种做法，也不是每个平台都有回报，但你不花点时间，是不可能知道什么情况的。每次我押中一个"色拉布"或"照片墙"，就会丢失一个"社交相机"（Socialcam）。我向你保证，我在"社交相机"上吃的亏，足以在别处加倍索取回来。

当人们试图创业时，即便自己的时间并不值钱，也非常害怕浪费时间。如果你牺牲的时间本来要用来和爱人相处，或做什么为生活增值的事，比如 5 万美元，那么我就明白了，创业确实给你带来了遗憾。但如果你只是放弃了休息时间——你本来用来看《权力的游戏》或玩电子游戏的时间——那怎么能说是浪费呢？你要将空虚的时间投在能让你的人生充满欢乐的事情上，却在担心浪费时间？简直胡说八道。如果你对你的生活不是百分之百的满意，那么做些能让你满意的事情，完全称不上浪费时间啊。

我如何全力出击

肖恩·奥谢，好犬

IG：@THEGOODDOGTRAINING

年轻的时候，你最大的梦想是成为一个专业音乐家。为此，你接受低声下气，干些时间灵活的工作，比如调酒师或服务员，好让日子过得去，直到成功为止。这是不可避免的，每个人都必须吃点苦头。25 岁，30 岁，你还能接受。

到 40 岁呢，开始焦虑了。

十一年来，肖恩·奥谢一直当仆人，帮一家餐厅停车，还为一家专门处理贝弗利山庄名人私人活动的公司工作。他从三岁起就玩鼓，曾与艾丽西娅·凯斯、塞洛·格林、詹妮弗·哈德森和鬼脸杀手等艺术家合作演奏热门唱片。虽然沾了热门曲目的光，但应付开支的是仆人工作，而不是音乐。未来看起来并不光明，他"处境堪忧"。

因为两只猛犬，他的生活迎来了转折点。两只都是六个月大的流浪狗，一只是混血松狮犬，叫朱尼尔，一只是比特犬和罗德西亚犬混血，叫奥克利。它们非常可爱，具备所有你想要的狗狗的品质。但正如大多数的铲屎官那样，肖恩并不知道自己将要面对的是什么。小狗需要大量持续的训练和管教，肖恩承认，他就没做对过一件事。它们本来就很恼人和无礼，等到两岁半的时候，它们对其他狗狗反应很大，并产生了强烈的攻击性。

"我们对邻居来说是一个威胁。它们体型太大了，我们去公园玩，草地湿漉漉的，一看到别的狗，它们真的撒腿就追，把我拽得够呛，除了屁股没着地，和滑水运动没两样。因为我的狗老追着别人的狗跑，我甚至吃过官司。"

但他不怪狗狗，他知道这是他的错，他也明白，如果他要继续饲养、保护它们，他必须想出一个办法来改变局面。他开始看西泽·米兰的《狗语者》，学习训狗技巧。他也开始深入拓展个人素质。

"老实说，我为人真是一团糟。我拼命地看书，但我看的不是传统书籍，而是许多个人著作，这些书可以改变我的信仰体系和价值观，改善性格，塑造我在孩童或青年时期从未习得的一切。"

花了好几年，他的方法终于起效了。"平衡训练法"让狗狗们都变成了乖巧听话的模范，把邻居们着实惊了一把，他们也放下了心。狗狗的转变太显著了。2006 年左右，他开始创业，帮邻里遛狗，获得了除男仆和业余音乐人以外的收入。他变成了一个遛狗能手，能一次性牵上十四只大型犬，还游刃有余。人们自然开始问他，有什么训狗良方。当男仆和音乐人，他赚了 2 万美元，但在训狗和遛狗的第一年，他赚了 6.5 万美元。这个数字在第二年翻了一倍。

肖恩开始感受到一个崭新的梦想在凝聚，这个梦想与加入乐队、巡回演出再无关系。尽管他发现自己拥有和狗狗交流的天赋，他却并没有天生的商业头脑。"我对商业一窍不通，完全零基础。我只知道'品牌''营销'这两个词，除此之外就没了。"他阅读大量的书籍自学，就这样，他发现了《出击!》。他谨遵书中的每一条建议。

"我懵懵懂懂地闯入这个领域，开始创作一大堆视频，发布一大堆脸书帖子。我记得我问过自己几个简单的问题：'如果我是消费者，什么会让我一次又一次地回头看某个脸书页面或 YouTube 频道呢?'我想到的唯一答案就是，如果它能改善我的生活，它有意义，有价值，那么它就是我的指路明灯。"

即便他在镜头前不是很自然，他还是捧着一台便宜的翻转相机，开始拍摄视频。"自己动手制作，搞出一堆教学视频、前后对比视频，展示给人们看我们怎么做，同时也教他们怎么做。"这和其他训狗师做的并无两样，但肖恩付出了巨大的努力，也抢占了平台的先机，这让他有了辨识度，也提高了名气。

当时有很多训狗师，不论在社交媒体上还是其他地方，都胸有成竹地宣称："我打娘胎里一出来，就拥有了这项天赋。"但我的历程更像是"我搞砸了一切，我没用，我的狗也没用。我走到今天，经历了不少，让我来和你们分享一下"。我非常透明公开，尽我所能地分享信息、工具、方法、技巧，还有我对未来的蓝图，包括个人发展的东西和值得推荐的书籍。

我一头扎进工作中。我还拼命地学习，努力搞清楚怎么做才是正确的，怎么才能打好基础，因为我一心想要做出点特别的成绩来。我感觉我终于找到突破口了。我最大的目标就是要创造出具有影响力的事物。听起来很俗气，但这就是我的立足点。我心想，我苦苦挣扎了那么久，都不得其法，现在碰着了机遇，我会倾尽所有去抓住它。我下定决心要找到我的答案，要培养、发展技能，好继续前进。我知道，要恶补的东西太多了，我差得太远了。

他的粉丝增长得很快。他一直等到客户"猛涨"，才辞掉了代客泊车的工作。"那份工作我干了十一年了，大家都问'你觉得你还能去哪里？'我说：'自有留爷处。'"

没几年，他就打响了国际知名度（他在苏格兰议会上阐述了平衡训练法和行业监管的构思，随后从苏格兰打电话来接受本书的采访）。2012 年，他在新奥尔良开了第二家分店。他雇了一个伙伴，劳拉。她和好莱坞一些知名人士合作过，能提供他所需的管理和组织支持。他还雇了更多的训狗师，应对他不断增长的服务需求。

现在肖恩 49 岁，很少亲自训练了，除非特别危险的动物进来，他会上手训好，再让他的团队接手。人们从世界各地把他们的狗狗运来。训狗师也从世界各地赶来，向肖恩和他的团队取经，不仅是训练技巧，还有利用社交媒体创业的经验。肖恩每天花 6 个小时创作内容和回复网友。他写了一本书，拍摄了几个 DVD，还开了一个问答播客。"世界上还有很多人接触不到我们，也接触不到训狗师来帮他们解决困难。我们正在尝试帮助人们提升能力。各个国家的人们都给我们发来回馈，还有他们的狗狗没系皮带、训练有素的照片，仅仅是观看我们的免费视频就能获得这样的结果，真让人开心。"

有一件事他没做，那就是接广告。"我不想把博客搞得那么粗俗。但是有东西，我还是会推荐的。我的意思是，不一定要赢利。赚钱当然很棒，但很多推广劣质产品的店家甚至都不花心思建立关系，直接发你一封电子邮件：'嘿，你能把这个放在你的博客上吗？'不能！"肖恩通过社交媒体和个人品牌建立了整个生意。2016 年，他的收入高达 60 万美元。

他无时无刻不在思考着自己的事业。

我有一点闲暇时间，但要在照片墙故事区、照片墙、脸书和 YouTube 上回复评论、培训和运营，剩下的时间并不多，但现在看来也没什么。想步上正轨，有必要把一切安排得当。对此我甘之如饴。老实说，40 岁了（才开始创业），我不觉得我有时间可以浪费。这并不是什么千钧一发、惊心动魄的冒险。但是，"伙计，你没有时间了。你浪费了大把光阴在那些于你无益的事上。让我们拼一把，看看未来你能创造什么奇迹"。

恐惧枉费努力

2009 年《出击！》面世时，我一度意志消沉，很多评论家指责我自我陶醉，文过饰非。但现在我再也听不到他们品头论足了，因为消费者，也即市场，已经证明了我是对的：发展强大的个人品牌会带来商业成功。别担心努力白费，敞开胸怀拼一把。所有成功人士都是这么过来的。记住，聪明的创业者不会在乎别人的看法。当你整天被相机怼着脸走来走去，你看起来就像个傻子。**但尝试新事物时，谁都像个傻子。**真人秀曾经也是个笑话，还记得吗？但现在在杂志封面、化妆专柜、某些健身器材或冷冻食物包装袋上，随处可见这些真人秀明星的脸庞。**大家都要经历一个傻里傻气的阶段，才能成为开拓者。**

立志取胜

成为一个创业者，最令人兴奋的是我们仍处于拓荒初期。池子里已经人头攒动，但你还有很大的空间。趁着还可以，快进来吧！听着，我很同情你。我 9 岁才学会游泳，因为我太害怕了，不敢把头埋进水里。我最终学会了的唯一原因是，有一天我在社区泳池打曲棍球，听到了妈妈的掌声和欢呼声。我妹妹刚学会了自由泳，正在泳池里奋力前进。妈妈的掌声未歇，我就挣脱身上的衬衫，一头扎进池子里，放手游了起来。我可不能让妹妹比我先学会游泳。

有时，即便害怕，你还是得纵身跃进池子。

当你整理想法，准备将策略付诸行动时，心理上也要做好取胜的准备。鼓足勇气，提高自尊，等到自己足够勇敢了，再去制造些噱头，吸引人们的关注，然后向他们展示你留住粉丝的决心。

本书的几位受访者称，虽然《出击!》很励志，但实际上并没有促使他们改变发展个人品牌或经营业务的方式，因为他们也想不出别的运营手段。关注品质、价值和顾客体验至上这些方法都用过了。我们生活在一个如此快捷、随意、自利的世界，当顾客们接触到像热情似火的圣伯纳犬一样迫不及待要帮助和取悦他们的人，几乎会晕头转向。当然，这种迷茫愉悦而令人着迷。《出击!》只是肯定了明星创业者们内心的想法，肯定了他们跟随直觉是正确的做法，给了他们满足感。

事实上，这颇具《绿野仙踪》风情。让我给你施展一下好女巫格林达的魔法：你一直有能力实现哪怕最蓬勃的野心。2018 年，你真的，真的没理由成不了一个创业者和网红。我最大的希望是，看完本书后，你能拥有 9 岁的我一头扎进深深的泳池后，发现"噢，我他妈会游泳!"的无畏勇气。

我如何全力出击

米米·古德温，米米·G 风格

IG：@MIMIGSTYLE

社会这所大学很残酷，你要饱经磨难才能有所成长。米米·古德温理应懂得这个道理。她由单亲母亲的抚养，在芝加哥长大。她的母亲必须做两份全职工作才能维持生计，于是她经常待在祖父母家里，在那里，很小的时候她就遭到了两名男性家庭成员的猥亵。母亲再婚后，米米受到了继父的虐待。每年夏天她都去波多黎各，有父亲的陪伴，她才得以有片刻安宁。她的姑妈是个女裁缝，姑妈在缝制舞会礼服和婚纱时，米米就喜欢坐在她旁边，给芭比娃娃做衣服。米米的父亲给她买了一台缝纫机，她带回了芝加哥，母亲会给她买布料。13 岁那年，米米主动做了一件裙子给妈妈，让她穿去参加婚礼。结果很糟糕——裙子的下摆掉了，也不合身。但无论如何，她的母亲还是自豪地穿着这条裙子。米米很开心，这在她的心里埋下了一颗种子。

不幸的是，米米实在受不了这种家庭生活，她抛下缝纫机，离家出走了。为了找到一个四季如春的地方，她用她从母亲那里偷来的钱买了一张去加利福尼亚的火车票，一个月前，她有个朋友和家人搬到了那里。"我以为整个加利福尼亚都是好莱坞。"她听不懂扬声器里的售票员在说什么，"我记得'什么，什么，加利福尼亚'，就下了车，结果那是波莫纳。我很纳闷：'这哪有半点电影里的样子啊？'"

八到九个月的时间里，她都住在一个城市公园里，跟不同的人在长椅上睡觉以交换金钱和食物。最后，她终于找到了那个朋友，搬进了他家。他后来变成了她的男朋友。在那里她也受到了家暴，在 16 岁生日前夕，她发现自己怀孕了。米米的母亲知道自己要成为外祖母后过来探望她，试图修复母女之间的裂痕。"她向我道歉，我也向她道歉。我想，为人父母以后，我更能理解我的母亲了。我发现自己也陷入了相同的困境中。"

米米急切地想给自己的女儿蔡丝蒂一个安全的生活环境，便搬出了男朋友家，最后蜗居在一个断水的废弃公寓里。她的母亲恳求米米在过上稳定的日子之前，先让她带孩子。虽然很不情愿，米米还是同意了。

米米迅速嫁给了第一个愿意接受她的人，这样她就有了一个家，把女儿带了回去。但她发现自己又一次遇到了家暴男。次女蕾西在 1998 年出生，米米本来想和丈夫妥协，但蕾西几个月大时，米米问她的一些已婚朋友，能不能和他们住在一起。她当时在当接待员，很快就搬进了一间一居室公寓。她勉强能维持生计。

　　连续好几个星期，我们一直在吃土豆、日清方便面，或者有什么就吃什么。下班回家，我会直接走进卧室，关上门，放声大哭。我觉得这种鬼日子真的要让我窒息了。但孩子又在喊——"妈妈! 妈妈! 妈妈!"我得打起精神，走进厨房做晚餐，因为这就是妈妈该承担的事情。

生活开始有了起色。她找到了一份接待员的工作，在 3D 数字媒体公司给一叫史蒂夫的男人干活，他指导她，教她生意上的事。她又结婚了（"我最健康的一段关系"），生了两个孩子，拾起了旧爱好——缝纫。她的丈夫为她把车间改成了小缝纫间。

她会穿一些自己手工制作的衣服去上班，总能收获一片赞美。她的老板史蒂夫总是第一个大声嚷嚷道："这可是她亲手做的！"他还会常常和她坐在一起，聊聊她的志向和目标。有一天，他们聊到了这个话题，他又一次问起她，除了接待员，她还想干些什么，她答："我想成为一个服装设计师。"

"你需要多少钱？"他问。他们就她要采取什么步骤才能实现梦想这个问题交流了一番，随后她便回家了。

第二天，她在桌面上发现了一张 3 万美元的支票。

她开始整理自己的服装，并在洛杉矶的时尚商业学院举办了一场时装秀。但她很快就发现，虽然她喜欢设计，但此外的任何工作她都提不起兴致。史蒂夫没有生气："你会想明白的。"他向她保证。

2012 年，她留意到很多人都开始办起缝纫博客，在家里做图样和手工赚钱。她心想："我也可以。"于是三月份，她创建了自己的时尚缝纫博客"米米·G 风格"。当时，你能在网上找到制作被单或围裙的科普资料，但要制作你在杂志上看到的时装，哪里都没有教程。"我会找些我在 T 台上看到的买不起的服装，做点调整，创造出新的东西。"

有一天，她看到了奥斯卡·德拉伦塔设计的一件服装，深受启发，自己做了一条短裙，把它发到了博客上。大家都着了迷，求她给他们都做一件。米米不想为了赚钱而缝纫，便把教程发在博客上。但请求源源不断。最后，圣诞节快到了，她要买礼物给女儿们，便想着："要不我就接几个单子吧？"于是她发帖子说自己在未来的一天内可以接单。为了减少订单，她给那条短裙定了 198 美元的高价，并提醒人们，没有一个月裙子做不出来。搞完这些，她就去睡觉了。

第二天醒来，她接到了价值数千美元的订单。

她吓坏了，加班加点地缝制着。她的女儿们负责剪裁，丈夫在一旁折叠。终于把裙子寄出去后，她叹道，"再来一次就要命了"。随后她想，如果我能教他们自己缝制呢？

她录制了一系列视频教程，一步步地教人们如何从零开始，量身定做一件大衣。她一个月出一期新视频，收入增长得很快，两年内，她就能辞去全职工作，专心发展生意了。同时，"我收到了世界各地的电子邮件，那些女士们坦言：'我发现了你的博客，你激励我培养了一个新爱好'，'你激励我打扮得更漂亮了'，或是'我刚下岗'，'我在办离婚'，'我想自杀'，'我在戒毒'，紧接着说，'不知怎的，你的博客帮我熬了过来'。在那些瞬间，我意识到这个博客不仅关乎时尚和缝纫，更像一个充满了激励的载体"。

2015 年，一个喜欢看商业书的朋友把《出击！》介绍给了米米。当时，她不断完善自己的博客，发展旗下的产品，还开创了独有的商业模式。她热爱并运用着社交媒体，但看完这本书，她发现她要做的还很多。"好，你把你的爱好转化成了生意，这是你的激情所在，你也很努力，但你需要做的还很多。现在，你需要更加投入，提升客户服务，花时间做调查问卷，确保那些关注者和粉丝会参与进来，成为忠诚的顾客。你需要不断地建设这个群体。"

举个例子，有一天米米发帖子说她要去购买布料，居然有人评论道，她愿意从坦帕千里迢迢飞过去陪她买布料。"我心想，这是疯了吧。但我把采购往后延迟了三十天，真的有人来了！那天晚上，他们还问：'我们明年准备干什么？'明年？"

第二年，米米订了一家酒店，开办了几个班，大约 80 人参与了。2017 年迎来了第六届米米·G 时尚缝制与风格大会。脸书、照片墙和米米的博客上有成百上千的粉丝关注了这次会议。

时至今日，米米已经和近 300 个不同的品牌合作过了，但她说，接到《天桥骄子》① 来电的时候是她最光辉的时刻。

节目组在筹备《天桥骄子》少年版，那些孩子要运用复古图样，并将其改造成现代风。他们联系了品牌"朴素"（图样），因为他们知道我用的就是这个，还问我，能不能去参加节目，担任孩子们的导师，和蒂姆·古恩一起主持，介绍挑战规则。"朴素"那边的人也打电话给我："嘿，《天桥骄子》打过电话了。他们想让你去参加节目。"我说："啥？好，说干就干！"

在读《出击！》时，米米很高兴学会了一个适用于她所从事的

① 《天桥骄子》是美国的一档时装设计师展示才华的真人秀节目。

这类行业的名词——商业应变（a reactionary business）。她依然坚守阵地，等着看自己能成就怎样的未来。她发现了一个巨大的漏洞，正努力去填补它。

　　在缝纫界，我能运转自如。我非常幸运，登上过所有缝纫杂志。但我是拉美裔女性，行业内大多数人都是拉美裔男性或非裔美国人。看那些缝纫杂志时，我发现没人能代表我们这个群体。我真的想要在杂志上看到更多我们的面孔，于是我想："好吧，干脆自己办好了。"我们创办了一本多元文化数字缝纫杂志《缝缝补补》，既关注男性，也关注女性，重点介绍来自各行各业的制作者。

　　杂志一经创办，好评无数。因为并无前例，人们纷纷发帖分享这个消息。对我而言，帮到的人越多，我的收获就越多。我太幸运了，可以和这么多品牌合作，但很多和我一样的拉美裔制造者并没有这种机会。我之所以知道有这么多不得志的人，是因为他们关注了我，我也跟进了他们的作品。如果我能给他们带来启发，让更多与我合作的品牌侧重展现整个缝纫行业，而不仅仅是其中一部分人，那么我就大功告成了。

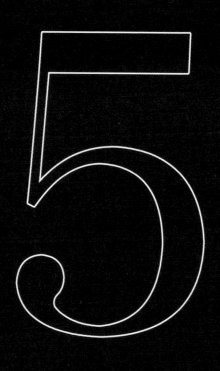

五 ｜ 全力出击，你只需要做这件事

我如何全力出击

帕特·弗林，聪明的被动收入

IG：@PATFLYNN

帕特·弗林在高中是个全优生，自那时起，他就计划成为一名建筑师。从加州大学伯克利分校以极优等荣誉毕业后，他很快就找到了湾区一家知名建筑公司的工作，并成了最年轻的施工队长之一。他的前途一片光明，401K①里的资金越来越多。他向他的女友求婚，女友同意了。那是 2008 年 3 月。

接下来的事情你都知道了。

三个月后，帕特失业了。同年，全美 250 万人都遭遇了相同的经历。这是一个巨大的打击。此前，帕特甚至付出了额外的心血，通过了能源与环境设计先导（LEED）的认证。这是一个专业

---

① 从 20 世纪 30 年代发展至今，美国形成了较为完善的以基本养老保险、雇主养老保险以及个人储蓄养老保险为"三大支柱"的 401K 养老保险制度。

证书，证明了他对绿色建筑这一高度专业领域的精通。能源与环境设计先导认证专家（LEED AP）这一考试非常严苛，通过率只有大约 30％。[1]他的上司曾向他保证，这个证书会是他简历上的点睛之笔，并让他在年度考核中占据上风。为了惊艳众人，并在竞争中脱颖而出，帕特 2007 年的大多数时间和 2008 年初的几个月都在拼命地复习，为考试做准备。他都要被堆积如山的资料淹没了，仅仅参考指南就有 400 多页，于是他创建了一个网站，方便整理资料，使他在各地收集的资源和笔记互联互通，毕竟他经常出差。2008 年 3 月，他参加了考试，并高分通过。正是那时，他晋升为施工队长。

因为他还身在其职，上司允许他花几个月把项目收尾再走人。这为他争取了一点时间，可以削减开支，做好勒紧裤腰带的准备。他和他的未婚妻搬回了各自的父母家。帕特开始联系他认识的所有业内人、通过雇主共事过的每一个承包商和机械公司，看看能不能给他一份活儿。但没人要招聘。勤学苦练给他带来了多大的好处啊。一种沮丧感隐约袭上他的心头。

同时他还得去公司露露脸。早上通勤时，他一般听自己的音乐歌单。他坐火车去上班，这比自驾便宜多了。但有一天，他厌倦了听歌，开始浏览播客选集，偶然发现了由杰里米·弗兰森和杰森·范奥登主持的互联网商业大师秀。那天，他们正采访一个帮人通过项目管理考试的年收入六位数的大咖。帕特想到了他的网站。2008 年初，一通过考试，平日除了和几个同事分享信息以外，他基本把这个网站抛诸脑后了。他心想，我已经通过 LEED 考试了，也许我可以创作点什么造福后人。于是他登上了网站。他还不知道要怎么利用它赚钱，便安装了几个流量分析插件，为以后想到的营销方式铺垫。没多久，他就发现成百上千的人都访问过这个网站，搜罗已有的信息。

他开放了评论区，果然，人们开始问题。他知道答案。和访客们互动时，他开始花时间跟其他建筑学、LEED 和可持续建筑论坛的人交流，留下痕迹，让他们能顺藤摸瓜找到网站。7 月底，他把"谷歌广告联盟"① 添加到了网站上。当天晚上，激活了"谷歌广告"的网站为他赚了 1.18 美元。"这真是最不可思议的事。原来真的行得通！当然，在沙发垫子里你也能找到这点钱，我又不能靠每天 1.18 美元过日子，但这激励着我继续努力。还有谁在干这一行，我能到哪儿去讨点经验？"

激励帕特利用网站赚钱的播客主持人推出了一个正式的"决策者"计划，正如 1937 年拿破仑·希尔的自助经典著作《思考与致富》（*Think and Grow Rich*）中所述，给人们介绍创建在线业务的步骤。其中一位创始人搬到了帕特和父母居住的圣地亚哥，并同意举办一次面对面的小组会议，大家谈谈各自的进度。帕特决定要参加会议，在离他父母家不远的潘内拉面包店见面。"我觉得我没什么

---

① 谷歌广告联盟（Google AdSense）是一个快速简便的网上赚钱方法，可以让具有一定访问量规模的网站发布商为他们的网站展示与网站内容相关的谷歌广告并将网站流量转化为收入。

可说，没什么可贡献的。我只想打打酱油，听听故事。但每个人都做了自我介绍，谈了自己为之奋斗的事业，给我留下了深刻的印象。这真是鼓舞人心。"

气氛很吓人，差不多轮到帕特发言的时候，他紧张得直冒冷汗，喘不过气来。他们让他解释一下他在做什么，他说自己刚下岗，但他拥有一个帮助人们通过 LEED 考试的网站。他们没听说过那个网站。

> 我心想："哈，看吧，没人知道那是啥，肯定没前途。"
>
> 他们说："好吧，听起来很有意思，是个商机。网站浏览量如何？"
>
> 我说："噢，你知道的，也就几千人次。"
>
> "这个数字已经很好了，你懂吧。一个月能有两千人浏览？你可以继续干下去。"
>
> 我有点懵："不，一天两千。"
>
> 什么？？？
>
> 他们惊呆了："你还没赚钱？还没出电子书？"
>
> 我说："啥意思？"

接下来的半个小时，整个小组都在向帕特解释他能做什么，应该怎么做。

帕特夜以继日地整理了一个半月，才完成了这本电子书。这本书汇集了网站上的大部分信息，配上了图表，更有条理，更容易阅读。他的导师告诉他可以使用哪些工具把它转换为 PDF 在线销售（他用了一个叫 e-Junkie 的工具）。他在网站的侧边栏上放了一张图片，一个 PayPal[①] 图标，还有该书的部分描述，定价为 19.99美元。当时还有一周半他就要失业了。他唯一的安慰是，如果这法子行不通——至少他心里觉得行不通——他的父母承诺过不会把他赶出家门。

电子书上架的时候是凌晨两点。帕特睡了四个小时，醒来准备上班，他检查了一下销售记录。什么都没有。

"我心想，上帝啊，我在做无用功，白白浪费了这么多时间。随后我又给自己找了个理由，时间太早了，谁会在凌晨三点买学习指南啊？"于是帕特坐火车去上班了，八点半左右抵达公司。他查看了他的电子邮件。什么都没有。

> 我就要开始绝望了。但十五分钟后，我收到了一条减去 PayPal 抽成的 19.99 美元的付款通知。这是我收到过的最令人开心的电子邮件了。兴奋过后，我立马陷入了沉思：坏了，万一他要退货呢，万一他不喜欢这本电子书呢，万一他因信息错误而要起诉我呢？大多数人跳出舒适区后都会有这种消极感受。于是，我出门散了个步，因为我都快喘不过气来了，十五分钟后

---

① PayPal，在线支付平台，总部位于美国加利福尼亚州圣何塞市。在中国大陆的品牌为贝宝。——编辑注

回来时，我收到了另一封 PayPal 电子邮件，又卖出了一笔。

就连出去散个步，我都能赚到另一单，这让我大吃一惊。就像，天哪，消费者每时每刻都能买到这玩意儿，我不必在线都能赚到钱。就凭这本书和网站的盈利，那个月我赚了7 908.55 美元，比我当施工队长的收入还要多两倍半。

虽然有一些波折，但从那一天起，帕特的收入基本保持逐月增长。他逐渐变成了一个 LEED 专家，因为没其他人能提供人们需要的帮助。他在网站上付出的汗水终于获得了回报。到 2009 年 3 月，帕特每个月收入高达 2.5 万到 3.5 万美元。

除了关于 LEED 考试的问题之外，帕特开始收到了如何建立网站和创业的询问。他记得自己想搞清楚怎么创业时找过的所有商业大咖、浏览的网站和订阅的时事通讯。他回忆说，当时他感觉他们都在诱购[①]，夸下海口引诱他，实际可用的信息却少得可怜。"我想要有人挺身而出，和我坦诚相待，但我感觉他们图的都是我的钱。"

于是他创建了 SmartPassiveIncome.com 这个网站，他把自己开创线上事业学到的一切都记录在了上面。

后来，发生了两件事情，他开始意识到这些网站并不仅仅是他重续建筑生涯之前维持生计的短期收入来源而已。

首先是一通电话。帕特创建 SmartPassiveIncome.com 网站后大

---

① 诱购（bait and switch），意思是用欺骗的方法来高价出售货物。

约两个月，他以前的上司联系他了。这名上司也被那家著名的建筑公司解雇了，创立了自己的公司。他邀请了一帮以前的老伙计加入，希望帕特也能继续为他工作。他开出的薪水比帕特在旧公司的薪水更高，还提供私人办公室和一年的房租。帕特要做的不过是搬回尔湾①，重拾旧业。"我不假思索地就给出了答案：'不，谢谢。'挂断电话，我回想着他的提议，非常惊讶自己做出了迅速的回复。为什么？这标志着那就是我想要走的方向，我需要全心投入。我想要成为一个创业者。"

其次是他发现了《出击！》，这让他接受了接下来发生的事情。"书中说：'如果你想靠买虫子赚钱，那么就去做吧，全心投入，成为行业第一人。'LEED 考试什么的，就是我的虫子。我就是这一行的鼻祖。"

不仅仅书中的文字影响了帕特经营事业的方式，在访问《出击！》的亚马逊主页时，他注意到了一些别的东西。

> 对于时不时出现的负面评论，加里真的会回复："嘿，很抱歉这本书没能引起你的共鸣，让我们用电话聊聊。"我不敢相信作者真的花了心思，回复评论，公布手机号或 Skype② 号。很多一星或二星的评论者会回头追加评论。他们也许没有改变观点，但他们说："加里，虽然我还是不太同意你的说法，但

---

① 尔湾（Irvine），美国加利福尼亚州橘郡的一个城市。——编辑注
② Skype 是一款即时通讯软件，具备如视频聊天、多人语音会议、多人聊天、传送文件、文字聊天等功能。

我很感谢你花时间联系我，理解我的立场。"这远比该书本身更让我深受感触。回复一星评论能有多少投资回报率？我看到的是（1）他花了时间；（2）他很关注大家的看法，因此愿意沟通交流；（3）他很在乎自己能做些什么来改进。

打那以后，帕特也采取了相同的回复策略来应对收到的负面评论。投资回报率清晰明了。"那些和我通过电话的人有时不过是误会了我说的话，后来他们还变成了我最忠实的粉丝之一。"

就在这时，帕特的收入出现了一个显著的上升点。"我不是说《出击！》是我收入增长的唯一原因，但可以肯定的是，我更有钱了。我开始创作更多东西，而不仅仅是经营博客。我开始寻求更多方法，拓宽自己的舒适区。"

他确实做到了。2009 年，他创建了 YouTube 频道，2010 年又创建了"聪明的被动收入"（Smart Passive Income）播客，下载量超过 4 000 万次。2011 年，他开始接受演讲邀约。为了提供一个专区来解答粉丝们接连不断的疑问，他随后创建了一个名为"问帕特"（Ask Pat）的日更播客和其他解决偏门问题的播客。他私人出版的书是《华尔街日报》的畅销书籍。

一直以来，他都秉持自己的承诺，为线上生意的发展充当"试验假人"。他会让人们亲眼见证他创业，比如创建一个网站，供有兴趣开食品车的人使用；再创一个，供有志成为保镖的人使用，他还会公开这些网站给他带来的收入。即便犯错，那也是当众犯错。

他细致地记录了创业以来的点点滴滴。最终，他对帮助他人的激情超过了对建筑和设计的激情。

人们给我写大段大段的电子邮件，感谢我帮他们节省了时间、功夫，升了职。我还收到在我的帮助下通过了考试的人的亲笔信。最有趣的是，2009 年 10 月，我问他们"为什么买了我的电子书"。我觉得这些反馈很有用，无论他们的理由是什么，我都会继续努力下去。大约四分之一的人做出了这样的回复："帕特"——这也蛮酷的，他们直接唤我的名字，仿佛认识我一样——"帕特，我买你的书，是因为你终于给了我报答你的机会。我根本就不需要这本书，我已经通过了考试。但你给我提供了这么多信息，我觉得我必须想个办法回报你"。最终我明白了，互惠是人性的本质，而我正在努力形成这种互动和互换的体系。

帕特成功后得到的最大好处是，成功给他带来了无数选择。他继续扩大自己的慈善版图，担任了一家非营利教育机构的董事，还想参与制定教育政策。尽管他对《出击!》抱有信念，但他并不想成为下一个加里·维纳查克。"我是我，他是他。这也是《出击!》的主张，你懂的：要对自己有信心，不要一味模仿他人。当你真的全心投入你的领域，敞开心胸，做你自己，你的气质会吸引你的粉丝，你就能为这个世界带来改变。"

帕特的故事仍将口口相传。我知道，你们当中很多人一定有一技之长，但你们却不认为这能成为一项生意。拜托！我说，LEED考试？你在开玩笑吗？全美国都没几个人听说过这个考试，帕特·弗林却能通过一个致力于帮助人们通过这门考试的网站赚大钱，那你也可以啊，收集足球周边，做做思慕雪什么的。请深入挖掘你最了解或最爱的领域，开始创作内容吧。按照帕特的故事所提供的蓝图去做：深入挖掘，缩小定位，以娱乐或信息的形式提供真正的价值。

多年来，网红们似乎选择了成百上千个能用的平台来建立各自的品牌，但真正有实力发展到一定规模的却屈指可数。一个平台想要在本书占据一席之地真的非常困难。如果我把它收录了进来，那是因为它已经成长为庞然大物，根本无法忽视，或是我觉得它拥有成长为庞然大物的潜力。当你考虑在哪里建立个人品牌时，最该用的莫过于真正能塑造自己生活的这些平台了。下文提到的平台都符合这一描述。

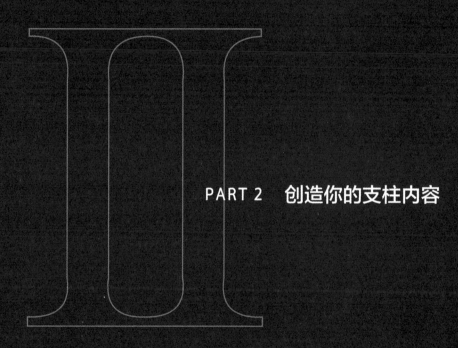

PART 2　创造你的支柱内容

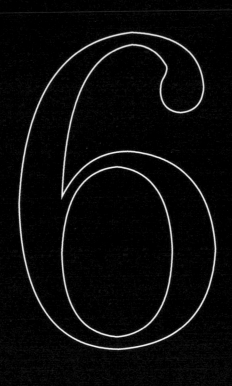

六 | 首先， 做这个

无论你想成为哪一类型的网红，每个人都要先从这一步开始：注册一个脸书商业账号。

脸书是建立个人品牌的入门成本。别告诉我，因为你的目标用户是 22 岁及以下的年轻人，而他们并不像大龄群体一样占比较大，所以你就不注册脸书了。正如你所见，脸书在视频领域取得的进展将会进一步吸引年轻用户。你不如等他们开通脸书账号。脸书会赢得年轻人的市场，你可以信赖这一点。永远不要低估马克·扎克伯格，更不要去赌脸书会没落。

我如何全力出击

科斯塔·卡波塔纳斯，科斯塔油站——十分钟换油

IG：@COSTAKAPO

康斯坦丁·"科斯塔"·卡波塔纳斯听起来像是一个务实的人。这个来自缅因州波特兰的第一代希腊裔美国人获得了马里兰州一所大学的一级棒球奖学金。肩膀受伤后，他被迫放弃了这项运动，转而获得了金融学硕士学位。毕业后，他在几家大型金融公司工作过，但都不长久。"这些公司要么解雇了我，要么快要解雇我了。"他对官僚主义大为恼火。这些大型公司不仅强迫他遵守在他看来效率低下、适得其反的烦琐严格的规章，他们限制性的社交媒体方针也妨碍了他定制手工雕刻棒球棍的副业。银行交易时间是上午 9:30 到下午 4:00。科斯塔发现自己在推特风头无两时，因为做不到立即回复上面的潜在客户，错过了无数机会。随着时间的流逝，他棒球时代的朋友们都顺其自然地进入了大联盟，凭借自己热爱的运动赚了几百万，而他还被困在小隔间里。那么多年过去了，他一直都逃避不看电视上的棒球赛。

他需要计划脱身。在金融公司上班时，他卖掉了棒球棍副业的资产，购入了一家快速机油站，在那里你能给你的爱车快速换油。这算不上最吸引人、最刺激的生意，但他认为这是一项"准公用"投资，几乎就像水电一样：在一个离不开车、没有什么公共交通可供选择的国家，大多数美国人都需要换油这项服务。随后，几乎不可避免，他被炒鱿鱼了。这真是太棒了！"被炒鱿鱼对我来说真是棒极了。我的生活质量瞬间飙升。我都没有意识到这份工作对我来说如此沉重，现在不用干了，我就可以赶紧做点别的生意了。"

科斯塔全力经营他的快速机油公司，他给它取名为"快速换油"。但他的策略并不十分有效：直接邮寄广告，优化搜索引擎，在过时的 iHeartRadio 广播上宣传。他浪费了很多钱。八个月后，到了 2016 年元旦，他给全体员工都放了一天假，自己一个人孤零零地留在站内。销售业绩并不好，他处境艰难。没什么好干的，于是他读了《出击！》这本书。他读得越多，就思考越多。"伙计，我必须这么做。"

他不再搞什么直邮广告、搜索引擎优化、商业广告。他开始玩起 YouTube，捣鼓汽车，下班后一直弄到凌晨两点，还自学脸书广告。"我不想讲错话，也不想错过任何一个机会。"

到了 2 月份，他把全部营销预算都投在脸书广告上，沉浸于社交互动和内容创作中。他在推特上搜索任何与汽车相关的对话，寻找机会与人交谈。他为客户的车拍照，从雪佛兰科宝到保时捷，用滤镜润饰照片，上传到照片墙，让汽车看起来摩登而时髦（客户们都非常喜欢把汽车的照片放到网上，他不必再征求他们的同意——他们会主动要求他这么做）。他开始制作教学视频，帮助潜在的顾客了解自家汽车的细节。"我们发布了讲解不同类型机油的视频，介绍全合成机油和传统机油的区别，告诉你什么时候该清洗引擎。我们收到了很多反馈，人们会发信息说：'第一次有人真的给我解释空气过滤器的用途。'我坚信最有教养的顾客一定会选择我们。"

元旦过后不到一年，他坐在空无一人的店里，思考着如何发展自己的事业，这时，他已经拥有了六家分店，另外还签了两家，分布在美国各大州。现在他整天忙着做生意，维护社交媒体的互动，保持真诚的态度，不断创作内容，参加各大财经电视节目和广播节目，分享自己的历程，甚至受邀在一个大学创业项目上演讲。他和他的妻子正积极备孕。当然，他也在忙活着建立自己的个人品牌。2017 年，他旗下所有企业都更名为"科斯塔油业——十分钟换油"。

七 | 争取被发现

你要明白：当你白手起家时，有两种途径可以获得具有绝对突破性的机会：

1. 巧妙地使用标签，这一策略需要相当长时间的练习。
2. 直接发送信息，比如，联系人们，吸引他们关注，再主动提供有价值的东西作为回报，这一策略也需要相当长时间的练习。

我认为第二个策略希望最大，这就是为什么只要版面足够，我就会把我们对如何在每个平台上开展合作和发展业务的指导收录进书中。要快速扩大粉丝群，合作绝对是最经得起检验的和可靠的方式。当然，这里的"快速"是相对而言的。**大多数情况下，你该预料到这一过程要历经数年，而非几个月。如果你对此感到困扰，请合上书本吧。**

想到要直接给陌生人发信息，很多人都觉得尴尬。但让我帮你换个角度来看待这些陌生人。这么说吧，一个朋友邀请你去一家餐厅享用团体晚餐，她也带了一对你不认识的夫妇。你和大家坐在一起，玩得很开心。你是一个室内设计师，席间你发现那对夫妇刚好要重新装修房子，你会掩饰你室内设计师的身份吗？当然不会。自然而然地，你会告诉他们你的职业，这会发展成谈话的一部分，因为你们正好发现了一项共同兴趣。现在，很晚了，假设你把卡片递给他们，说"看看我的网站吧，也许我们有缘合作呢。如果你们需要其他推荐，也尽管找我"，会很奇怪吗？当然不会。你们拥有一项共同兴趣，他们需要服务，你正好能提供服务。接下来，你应该给他们机会好好想想你会不会是那个合适的人选。

线上社交媒体平台就是那个共同好友，把你和成千上万同样对室内设计感兴趣的人联系在一起。你的任务就是去做调查，找出能让你的事业发挥最大价值的平台，再证明你的说法。在接下来的章节中，我会和你分享具体的操作细节，但各大平台的一般流程基本一致：主动联系客户，开出他们无法拒绝的条件，然后就去干活，创造出他们绝不后悔给你机会的作品。

现在，有一件事你应该知道：就这一分钟，我已经收到了大约 500 封直邮，他们对我都有所求。你知道我会怎么回复吗？"祝好运，拜拜！"并且是在我心情好的时候。

为什么我鼓励你去争取其他网红的关注，自己却忽略或拒绝把这一策略运用到我身上的大部分人呢？如果他们目的纯良的话，我不会拒绝的。如果我感觉他们不是为了利用我，而是真心想要提供帮助，能发觉我事业中的漏洞，并拥有填补这个漏洞的知识和技能，我可能会考虑和他们聊聊。

当你给不了曝光率，给不了金钱的时候，你还剩下什么？无非是知识和技能。你开比萨店吗？你可以提供六个月的免费比萨。你是平面设计师吗？你可以免费制作 600 个定制过滤器。你开卖酒的商店吗？只要你的目标客户一发布品酒的照片，你就可以直邮给他们，说明年每个月都免费送他们一箱酒（除非你所在的州法律不允许，新泽西州就是这样）。人们会劝你不要贱卖自己的产品，但这一原则仅适用于有人愿意购买你的东西的情况（至于如何正确运用这一原则，有一个完美的例子，请阅读我的书《问加里维》的第三章"德拉科的故事"，或看看他在 Medium① 上发表的文章《我怎么给加里·维纳查克干活》，听听他的版本）*。

假如知名网红看得到和你合作的前景，愿意帮你在自己的主页上发布内容，一起搞创作，他们还会再联系你的。如若不然，他们通常会不回复，以表示婉拒。但如果你每天花六七个小时寻求资源，你总能找到一个愿意和你尝试新事物的人。这个人一出现，你的知名度就会提高，成百上千个以前不知道你存在的人都会认识你。给你的合作伙伴提供有价值的东西，你很快就能树立网红形

---

① Medium 是一个轻量级内容发行的平台，允许单一用户或多人协作，将自己创作的内容以主题的形式结集为专辑（Collection），分享给用户进行消费和阅读。

* 你可以读他的版本：DRock，"How I Got My Job for Gary Vaynerchuk，" Medium，June 1, 2017，https://medium.com/@DavidRockNyc/let-me-preface-this-story-with-something-ive-been-thinking-about-lately-2242480640f2。

象，更有可能交到一个新朋友。

　　我不骗人。这种业务开发方式很难，很无聊，又浪费时间。但我喜欢无聊，这意味着大多数人都不会这么做。一旦你抢占高地，你就赢了。如果你有资金在全部平台上投放广告，让网红们宣传你的产品，那么你当然更有优势。但如果你才刚起步，身无分文，这就是你建立个人品牌的首要任务。

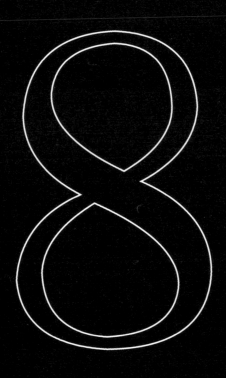

八 | 音乐吧（Musical.ly^①）

（参考中文平台：抖音）

　　我想先介绍"音乐吧"这款应用，我敢打赌，除非你有 7 到 11 岁的孩子，不然你肯定没听说过它。就算你听说过，我敢打赌，你们当中大多数人如果不是想看看孩子们上网都玩些什么，肯定不认为它有什么好研究的。音乐吧和它的多数用户一样，还年轻，很有创造力，亟待成长。这个平台很有趣，可以考虑一下，因为我觉得它最有可能被低估。等你读到这里，它有可能已经不存在了，因为我动笔的时候，它的人气已经持续下跌半年。但你多少得知道它，以下几段会告诉你原因。

　　尽管有证据证明，那些在年轻人中间火起来的平台最终都成功地过渡到了老年用户，但大多数创业者还是对音乐吧不屑一顾，这没什么不好的，这样整个平台的大门都为你敞开，等你抢占市场。你也会从中获取乐趣的。乐友，也就是音乐吧的用户，把这款应用

---

　　① 一个风靡欧美的短视频应用，已于 2017 年 11 月被今日头条收购，并入 TikTok（抖音海外版）联合推出。

变成了创造性的现象。一开始，乐友可以用这个应用制作 15 秒的唇形同步视频，俨然重现前几代人在壁橱全身镜前模仿摇滚明星的模样。如今，它已经发展到囊括原创音乐、喜剧小品，甚至迷你教学视频等形式。芭蕾舞演员、化妆师、体操运动员、杂耍演员、运动员、说唱歌手、视频博主，还有包括波美拉尼亚人吉夫（Jiff the Pomeranian）在内的各类小众演员都在使用这种媒介来展现自己的技巧和风格。你可以创作长达 5 分钟的内容，将视频剪辑为故事，和其他乐友来一段二重唱。

2014 年 8 月，音乐吧一经推出就立即受到了青少年群体的青睐。[1]他们不仅下载这款应用，大多数人也都持续使用它。刚面世那几个月，它的用户虽在增长，但速度比较缓慢稳定。随后，设计师们决定对音乐吧的设计做几处小改动，其中包括修改它的标志，这样每次用户分享视频到照片墙或推特上时，它就不会自己弹出来了。改动后，新用户便蜂拥而至。前人经常犯这样一个错误，就是试图将用户限制在自己的平台上，但音乐吧吸取了这个教训，允许乐友在照片墙、推特、脸书和瓦次普（WhatsApp）上分享内容，帮他们建立粉丝群。音乐吧现在有 2 亿用户，其中 30% 的用户每天在线时间不少于 30 分钟。[2]

不用说，小部分乐友是从葡萄藤①逃过来的，这款推特旗下的六秒视频应用，在格式略长、剪辑工具好玩的照片墙视频和色拉布

---

① 葡萄藤（Vine），视频分享应用，推特御用短片拍摄和视频分享软件。

面前黯然失色，迅速被淘汰了。当然，我们自然想问，音乐吧如何避免重蹈葡萄藤的覆辙呢？有个方法，就是应用成熟化，受众逐渐从孩童成长为青少年，要开发出吸引他们的功能，这样他们就不会转而投向色拉布或照片墙。同时，色拉布和照片墙变得越来越年轻化，音乐吧也必须不断发展，以争夺年轻受众。在我看来，音乐吧要从竞争中脱颖而出，在 12 到 17 岁的人群中获取动力，就必须采取脸书几年前的做法，从一开始的台式机专用成功转型为移动端第一大平台。音乐吧还年轻，应该足够灵活多变，可以发展为颠覆平台模范的又一新风尚。也许是声音，也许是我们难以想象的事物。

显然，新生代音乐家们在这里有着得天独厚的机遇。但当然，要成为大人物，最好的办法就是在小圈子里混出头，据己所需，创造性地打磨平台。这就是我在音乐吧建立品牌知名度的策略。你可能会好奇，我一个 42 岁的商人，鲜少踏足音乐界，怎么会想赢取这个目标用户为 13 岁青少年的平台的关注度呢？道理很简单：这些 13 岁的青少年 18 岁就会创业，25 岁就会做生意了。我 12 岁那年也心心念念地要创业，但没人知道怎么称呼我这一类人，"创业者"可不太合适。如今，创业者变成了流行文化的偶像，孩子们都看着《鲨鱼坦克》① 长大。也许我能激励他们更快地实现自己的梦想，也许有一天我们会合作呢。

我很久以前试过进入这个平台，因为我认为孩子们可以从嘻哈

---

　　① 又称"创智赢家"，美国 ABC 电视台的一系列发明真人秀节目，也是一个提供给发明创业者展示发明和获取主持嘉宾投资赞助的平台。

艺术家肥仔乔在"问加里·维"上那些睿智的话语中收获一些价值。为了帮他们找到这个节目，我上传了一小段我从屋顶上跳下来的视频，配上肥仔乔的歌曲《一路向上》，希望他们喜欢的话就继续关注下去。如果他们已关注的话，他们就会看到我的模仿秀，我会剪一段自己努力工作的视频，配上蕾哈娜的《工作》，或剪一段鼓舞人心的视频，配上酷玩乐队的《满天繁星》，提醒人们要永远仰望星空。我会重演自己当初有多厌恶上学的场景，明明坐在教室里，却做白日梦，幻想终有一天向那些认为我是个"屌丝"的老师和同学们证明他们错了。想象一下，这条信息对一个身处相同境地的孩子而言有多重要？万一有几个孩子看到了呢？他们会醒悟原来真的有人理解他们，进而发现我已经颇有建树，他们会想：对啊，我也可以。这就是为什么像我一样不涉及乐界，也不会唱歌的人，会想方设法在一个所谓的对口型平台上创业，不仅仅是为了有所作为，更是为了改变粉丝们的一生。

但是，我在收集信息，想办法树立形象的时候，还没用上那些内容策略，就邀请了两位音乐吧的顶级乐友到"问加里·维"上做客。第 198 集，我身边坐了两个 15 岁的孩子，他们就是阿里尔·马丁和阿里安娜·特雷霍斯。他们当然不是常见的嘉宾，但我们聊得很开心。我和观众倾听了他们的见解，他们有机会在一个大型 YouTube 节目上展现自己的技能。问题是，我的节目和他们已出席过的大场面，比如人民选择奖的红毯相比，简直是小巫见大巫。对我而言，真正的价值在于，当粉丝在谷歌上搜索他们，发现了他们在我节目上录的音乐吧模仿秀，我的品牌知名度自然就水涨船高。当小阿里尔变成了一个超级巨星（2017 年《时代》杂志把她列入第三届互联网最具影响力人物年度榜单），不用几年，等人们好奇她早年的模样，我就拥有了全世界都汲汲以求的东西。*

即使音乐吧只是一时的风尚，让我们记住，每个季度，品牌都会斥几百万美元巨资，为新系列的试播节日做广告宣传。据数据显示，这些节目大多撑不到 9 个月。2012 年，65% 的新节目在播了一个季度后被腰斩。[3]一个平台的寿命几何真的不重要，只要它此刻还存在就行。如果你正想汇聚粉丝，那么别管结果如何，粉丝去哪，你就去哪。花几个星期探索平台的内容，感受一下吸引用户的是什么，再制订出成功打入这个市场的内容创作策略。先摸熟它，再投入资源。注意，不能全盘投入，一部分就好。假如你看好这个平台，可以多投资些；假如你觉得不是你的菜，那就少些。但给任何平台打上无关紧要的标签，只能说明你想象力匮乏，目光短浅。永远都不要怀疑平台设计者的远见卓识，它远比你眼前所见更宏大。当市场将平台推往另一个方向，无论是设计使然，还是偶然之故，平台都会继续发展。如果你捷足先登，你可以跟着平台一起进步，成为平台的开山鼻祖，它的设计者都有可能找上门来，寻求你

---

* 我不太愿意提供育儿方面的建议，但如果你的孩子天赋异禀，让他或她在互联网上秀一把才华也许也不错。打造个人品牌，越年轻越好。你能想象贾斯汀·比伯的妈妈不让他玩 YouTube 吗？无论如何，斯考特·布劳恩经理或其他星探总会发现他。但如果他们没有发现呢？也许比伯现在只是一个嗓音动人的理疗师，整天自怨自艾："要是我当年……？"

的帮助。举个例子，他们可能会让你提前接触公测程序，试试他们正准备发布的新功能。或者你可能优先运用尚未公开的样式和风格创作新内容，这样你的品牌和平台之间就基本建立了一种共生关系。

没有适当的训练，没有人能跑完马拉松。无论你是在跑步机上还是在跑道上训练，你都必须了解你的身体，培养你的耐力，弄清楚什么样的机能、营养和心理训练能使你获得最佳表现。这个道理也适用于社交媒体平台。2012 年，我曾十分看好一款名为"社交相机"的应用，这款应用大概才红了 9 个月就江河日下了。然而，在那 9 个月里，我学会了很多，葡萄藤和照片墙横空出世时，我就运用到了当时学的策略。

踏入未知的社交媒体，你唯一需要冒的风险是时间。你想拼出一条路，过上好日子吗？你说再多干一天会计，你都要死了，现在你却不愿意浪费时间，因为生怕那个平台沦为"社区"或"葡萄藤"而不是跃升为"脸书"或"照片墙"？你凭什么这么心高气傲？身为乞丐的时候，就别挑三拣四了。下载每一个新出的社交平台，玩一玩，探索探索。如果你觉得它不适合你，你不是很喜欢，就删了呗，但千万不要没有付诸实践，就拒之千里（这条建议终生适用）。

音乐吧入门

使用标签。我简直不敢相信我居然没有在《出击！》里讨论过标签。实际上，直到第三本书，我才写到这方面的内容。灵活运用标签是社交媒体的基本要求之一，也是提高曝光率的关键。在音乐吧建立联系最快的方法之一就是，打个比方，打开应用，仔细地观察"发现"页面的流行标签，围绕这些标签创作些精彩的内容，你就可能被孩子们发现，不然他们怎么会知道你值得关注呢。这也包括音乐吧的管理员们，他们倾向于选择在线用户的精彩内容，进行自主推广。于是这种手动管理就为你创造了比其他平台更多的随机机会。但你不能指望赢了这种虚拟彩票，就找到了成名的捷径。你有多努力，你的内容多有创造性，才能更精确地预示成功。你也可以创作出精彩的内容，搭配自己巧妙原创的标签。熟练使用标签是让你的优质内容流传长久且广泛的绝佳方式。

合作。曾经，明星因为遥不可及而深具魅力。这给了他们神秘感和声望，打个比方，如果我们能摸一摸他们的签名照，就要高兴坏了。但当代的明星红不红，要看是否平易近人，如果他们太过好莱坞化，是要付出沉重代价的。好好利用这一点。没有什么能阻止作词家和作曲家上传他们的作品，直接私信顶级乐友，让他们对口型甚至演绎自己的作品。同理，一部幽默小品、一首诗或其他的作品也行。我已经说过无数遍了：了解一个群体的最佳方式就是加入那个群体。参与、评论、分享、创作，不求任何人帮任何忙。变成群体的一分子，你就有了更好的机会接近某人，让他模仿你的作品，甚至创作出自己的模仿秀，吸引其他人爱上并分享。

这并不是说如果你的品牌吸引的是 12 到 17 岁的女孩，你就不该投资音乐吧。只是在我看来，任何平台前 1% 到 2% 的网红"经常"要价过高。不是"总是"，幸运的话，你可能会达成划算的交易，因为有些人尽管拥有广泛的影响力，本身定价不高。但他们总会开窍的，所以别指望一直捞好处。不管怎样，对于营销人来说，中下游的网红圈子机会才丰富。所以，如果我的品牌能吸引青少年，我会把营销总预算的 40% 投入音乐吧，其中的 40% 到 70% 直接用来和音乐吧大 V 做交易，剩下的试试投放程序化拍卖广告。然后我就会仔细观察，哪种方式收效好些，并不断作出调整。

对于热爱表演的人来说，音乐吧是他们销售表演的最佳场所，也是卖铅笔、巴西莓果汁或指尖陀螺的好地方。画家可以录下自己上色或绘画的视频，配上音乐。作家可以通过拍视频唤起自己一天的好心情。我一般会模仿时长更长的热门内容，创作激励人心的模仿秀，其中点击率最高的视频是一段剪辑，剪出我话里的词或短语，配上音乐。想听我说俄语吗？去看我的音乐吧视频"匆匆"，顺便看一看我怎么一边唱格温·斯特凡尼的《私奔》，一边进行 ALS 冰桶挑战①。那可能是我这辈子唱得最好听的一首歌了。

有创造力的人，到了哪里都很有创造力。最具创造力的人往往开疆辟土。通常而言，有些人创作内容时会迎合和自己相似的一类人，有些人则和受众脱节，前者比后者更能实现目标。我和优秀的

---

① 冰桶挑战，要求参与者在网络上发布自己被冰水浇遍全身的视频内容，然后该参与者便可以要求其他人来参与这一活动。活动规定，被邀请者要么在 24 小时内接受挑战，要么就选择为对抗"肌肉萎缩性侧索硬化症"捐出 100 美元。

男性很合得来，因为我本身就追求卓越。我非常有同情心，因此我和情感敏锐的人意气相投，他们也足够耐心，可以和精益求精的人打交道。舞者凭直觉就明白怎么创作出其他舞者喜欢的内容，通过自我修养改变人生的人自然懂得如何接近那些寻求大彻大悟的人。你的创造力是你在任何平台上取得成功的变量。

情景设想

假设经过多年打拼，你不想再当职业歌手和演员，决定放弃星途，转而接管位于家乡野外树林的家族夏令营生意。此举令人兴奋。想象一下，你终于得以长久地待在家里，购些家具，养条狗了。但你也没有完全脱离娱乐圈，你计划在营地开设更多表演班和音乐剧班，于是你就可以继续分享你的热情和专业技能了。当你想象每一个暑假结束都举办全营综艺秀时，你的脸上就浮现了笑容。

不幸的是，你接手的生意并不兴旺。你家这种营地在镇上曾经独此一家，但在过去几十年里，这里和周边又冒出了好几家，你家的生意已经走了下坡路，尤其是夏令营的注册人数远远达不到你的预期。有次报名的孩子太少了，你不得不砍掉一个课程。为了提升业务，你已经尝试了一切办法，但和其他更新、更酷的营地相比，你家的夏令营似乎有点呆板和过时。

有一天你和11岁的侄女出门，她给你看了一段自己对口型的视频。这是你看过的最奇怪的东西——一段只有15秒的特写视频，里面你的侄女伴着凯莎①的《祈祷》手舞足蹈，时不时往后仰，嘟嘴，做手势，就像一段音乐短片的某个片段一样。你问她妈妈知不知道她在一个公开的平台上玩音乐。"当然知道，"你的侄女答，"我的朋友都玩，那就是个唱歌跳舞的地方。"

一个备受热衷歌舞的 11 岁孩子喜爱的社交平台？叫什么来着？

你创建了一个音乐吧账户，开始录制自己演绎最爱歌曲的视频。你让营员们帮你挑选歌曲，担任指挥。他们很惊讶，作为一个老家伙，唱年轻人的歌时，你看起来、听起来都不赖嘛（顺带一提，你 35 岁）。你甚至都不用对口型，直接上阵真唱。你创作的音乐短片不仅展示了你的才华，还展示了营地。你每天都在不同的地方拍摄——船屋、宝塔、射箭场、工艺馆，当然还有圆形剧场。

其中有个女孩问你能不能用你的手机拍她自己。你寄了许可书到她父母家，征求他们的同意，让孩子们用营地的账号录制音乐吧视频。他们知道自己的孩子本来就玩这个应用，大多数欣然同意。从那时起，每天新的营员都可以在营地的音乐吧账号上发布四条内容。孩子们纷纷争取成为"当日乐友"，这变成了他们可以得到的最大奖励，所有的孩子都加倍努力，以求上榜。让孩子们来运营你的平台还有一个额外的好处：这是一个有效的学习策略。你不用冥思苦想 9 到 11 岁的孩子想在音乐吧上看到什么样的内容，他们会展示给你看。现在你只要观察他们，记录他们的行为，弄清楚他们

---

① 凯莎（Kesha），出生于美国加利福尼亚州洛杉矶市，美国女歌手、词曲创作者。

对标签和流行话题的看法。同样，在父母的允许下，你可以让孩子们记录下他们的夏令营奥运会、寻宝游戏、最后一篝篝火，还有见证了三代人的所有夏令营传统。

每个录制了音乐吧视频的孩子会立刻加上朋友们的标签，他们就都看见了，然后给自己的父母和父母的朋友看。秋季开学后，他们也会在学校里炫耀。经过这一年，你的音乐吧账号和营地的知名度开始慢慢提升。到了春天，家长们开始烦恼给孩子们注册哪个营地时，他们就会第一时间想到你的营地。当孩子们纷纷告诉自己的爸妈他们决定集体参加同一期夏令营时，你就赢啦！

你成了有史以来最受欢迎、最有趣、最时髦的夏令营经理，你的人气和你所经营的夏令营的名声也随之飙升。营地的注册人数翻了一倍，而且你的表演艺术课程非常受欢迎，每年剩下的时间里你开始教授这些课程。你创办了一个音乐视频课程，内容包括教孩子们制作热门的音乐视频。经过 5 到 8 年的时间，你新开了一家市级表演艺术学校，夏令营只是暑期选择之一。你成了一个知名人物，虽然没有你以前想象中的出众，但你从来都没有这么快乐过。

我如何全力出击

齐特拉·杜尔加姆，DDS，美学牙科

IG：DRDURGAM

齐特拉·杜尔加姆医生做到了一件几乎不可能的事——她让看

牙医变得有趣了起来。不然你怎么解释很多新客户居然在自己孩子的要求下给她打电话呢？让我来解释一下吧。

2004 年，齐特拉开了自己的私人诊所，为了获得推荐，她做了大多数医生都会做的事：发送直邮广告，让新泽西州北部的邻居都知道她开张了。她觉得社交媒体是作为私人用途的。直到后来，她开始关注一个社交媒体网络专家，读了他的书《出击！》，她的思维才发生了转变，进而明白为什么在社交媒体上建立个人品牌有利于事业发展。

这引起了她的兴趣，但她迟疑着，没有开始。医生和牙医都受到许多 HIPAA[①] 条例的约束，"我们会过于担心别人对我们营销产生什么看法"。但她仔细考虑了一下，决定"利用闲暇打高尔夫，还不如去和病人互动，用一种有趣的方式教人们牙科的知识，这肯定不会有什么问题。所以我一下子信心大增"。

多年以来，她每天都花四五个小时在社交媒体上参与、互动和授课，包括午餐时间，还有两个孩子熟睡后的时间。她在所有常见的平台上都有账号，比如推特、脸书、照片墙。她还会在 Medium 上发文章。但让齐特拉从其他任何 25 岁的同龄人和开业医生中脱颖而出的是，她也开通了音乐吧账户。这就是很多孩子央求父母带他们去见她的原因。

---

① 美国前总统克林顿签署的《健康保险携带和责任法案》（Health Insurance Portability and Accountability Act）的缩写，对多种医疗健康产业都具有规范作用。

　　她创作了很多对口型音乐视频，介绍包括牙齿美白在内的不同手术，还对着艾德·希兰①《你的模样》恶搞版的口型拍了PSA②健康饮食的公益广告。有时她会上传科普瓷冠和贴面的区别之类的教学片段。她会跳舞，还经常穿着白外衣搞怪，有时则挥舞着牙刷，看起来又傻又尴尬，要是她真是一个乐友那还好，但她却是一个44岁的牙医，整个画面就非常搞笑了。她从年轻的用户那里得到的评论和反馈绝大多数都是正面的，有两个短片还被平台重点推送了。她那些年纪小的病人，属于音乐吧那个年龄段的，都关注了她。他们把手机带到学校，给朋友们看。他们的朋友又会说："妈妈，看看这个视频，我想去看这个牙医。"

　　齐特拉在色拉布上收到了同样的反馈，在那里她为年纪稍大的人群量身定制内容，还模仿热门英剧《办公室》③制作了同名的每周连续剧。她和她的工作人员还上演了《查理的天使》④中的场景，并用表情包、音乐和道具拍摄快照，讲述故事。她也试过拍纪录片，但观众对她的创新性作品反响非常热烈，所以她现在就专注创作了。

　　很多音乐吧和色拉布的关注者住得太远了，去不了她的办公

---

①　艾德·希兰（Ed Sheeran），英国创作型歌手。
②　PSA：Photographic Society of America，美国摄影学会。
③　《办公室》（*The Office*）是一部英国广播公司制作的情景喜剧。
④　即《霹雳娇娃》（*Chartie's Angels*），一部美国动作片，片中诺克斯科技公司的总裁被人绑架，公司为此将损失10亿美元，成千上万的无辜人们将受到牵连。三位性感机智的女士向绑架案的幕后黑手发出挑战。

室。但她在照片墙上主打的是本地用户，转化率①更高，给她发送直邮预约的人一直都有。自从她认真起来，不是隔三岔五，而是除了向其他平台提供以外，还持续地向这三个平台提供优质内容，她发现新病人的数量增加了 30%，每天通过直邮来咨询她牙套和美白手术的有三到四个人。

不仅如此，WNYW-FOX 5② 的副总监和总经理刘利昂在色拉布上发现了她，在美联社公开发布牙线清洁无用论后，邀请她去参加《日安纽约》，谈谈牙线清洁。顺便一提，杜尔加姆医生赞成牙线清洁。

从那以后，她便受邀到各大会议和播客谈论个人品牌。她现在正和不同品牌合作，帮他们开发创意，在社交媒体上宣传他们的产品。她也收到了其他牙医和医生对社交媒体的咨询。"在投身这项事业前，我已经花时间研究了建立品牌的各类知识。我知道我确实可以提供些有价值的东西。"

但她的专业同事大多数都不理解。

实际上，我也受到了很多来自人们和企业的反对。他们想要自己的努力立即得到回报。他们不明白为什么我要投入时间，也不明白社交媒体需要放长线钓大鱼，而建立品牌，其实

---

① 转化率即从访客到用户（消费者）的转换，转化率越高，赢利能力越强。
② 福克斯（FOX）有线电视网的纽约（NY）成员台。

就是销售产品。撇开其他不谈，至少你和事业上的客户建立了友好的关系。但他们就是不明白。一路走来，其实有点孤独，因为我做着我相信的事情，周围的人却不赞同我的做法。

甚至她的一些客户也在想，她怎么会有时间录这么多视频。"我必须澄清一点，我和我的员工都非常认真地对待工作，但完成工作后，我们宁愿把闲暇时间用来和病人互动，教育他们，也不愿意做些只符合自己利益的事情。一解释清楚我们的目的，就不会有那么多质疑的声音了。现在我就像在逆水行舟，但我想，随着时间的推移，人们会明白社交媒体对于事业的重要性。"

我对本书充满激情的原因之一是，当我写《出击！》的时候，我并没有接触到如此多其他人像我一样运用平台的事例。我捷足先登了。但如今，有了齐特拉的故事武装，我可以消灭你全部的借口。十分钟前，你可能都没有听说过音乐吧这个应用，现在你知道了有个牙医在用音乐吧和其他平台来发展事业。真是棒极了！教育和执行力是通往这个新世界的秘钥！

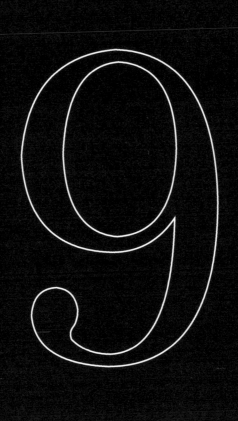

九 │ 色拉布（Snapchat）

（参考中文平台：快手）

　　色拉布每日活跃用户（DAU）可达 1 亿 7 300 万，每日视频浏览量达 100 亿，每日快照达 25 亿张，每日活跃用户的访问次数接近 18 次，尽管如此，色拉布仍是一个被严重低估的平台。[1]让我给你一个重要的提示：当"正常人"，即非技术、非商业人群成为第一批在某一平台上花费大量时间的人，你就该打起精神了。这就是早期音乐吧吸引了我的原因，也是 2011 年色拉布一面世，我就知道它未来不可估量的原因。我把它看作第一个精密重塑我们面对面交流方式的社交网络。

　　它的创始人埃文·斯皮格尔和鲍比·墨菲认为，这是一款反脸书的照片分享应用，用户发布的多是突发奇想的、暂时的、不完善的内容。当色拉布在 2011 年首次面世时，这款通讯应用的垂直视频和左右滑动的操作让人们大为困惑。大多数用户，甚至是年轻人，都要花几分钟玩一会儿才能适应。但对于青少年来说，这款应用值得探索一番：（1）你不想待在妈妈在的地方；（2）你想锁上房门。成年人不会明白的。图片一打开，1 到 10 秒后就会"自毁"，你还可以选择在照片上画画、写字、添加字幕。孩子们迅速发现了这款应用作为信息 2.0 版的潜力，这是一个更自由、更随性、更安全的平台，让他们得以分享和创造性地表达自己。他们确实分享了。当时色拉布遭到了广泛嘲笑，人们甚至担忧它会成为下一个高中生群体的性短信工具（但它绝不是一个性短信应用，那是媒体在捕风捉影，起些吸引眼球的标题）。时至今日，人们已不再用同一语气将性短信和色拉布混为一谈，正如他们不再嘲笑推特是"戏精"① 分享午餐的地方，脸书是大学生分享啤酒乒乓游戏②照片的地方那样。

如今，色拉布允许你发布视频和照片，添加各种附加功能，比如滤镜、地理滤镜、镜头、表情，还有视频剪辑工具，比如慢动作处理。内容不再是"阅后即焚"。你总是可以通过截屏来保存图片，打破这个规则。但随着应用服务器上储存内容的内存逐渐增加，说到底，色拉布还是会屈服于人们想保存和重温生命中重要时刻的渴望。但真正改变游戏规则、对网红产生最大影响的新产品，是照片墙的故事区（Stories），这个功能让你将一系列视频和照片联系起来，讲述一段更长的故事，在色拉布上随时可以浏览故事区。2013年它出现时，我还公然宣布它为"废物"。

---

① 网络流行语，带有贬义，指爱作秀吸引注意力的人。

② 啤酒乒乓游戏（Beer-pong game），美国大学最让人趋之若鹜的喝酒游戏，在美国的一些地方也被称作 Beirut，是没有球拍的乒乓球游戏，你把球扔进对方杯子，对方就要喝酒。对方把球扔进你杯子，你就要喝酒。

　　你在 YouTube 上仍然可以看到我在 2013 年的 LeWeb①大会上慷慨激昂地犯下的弥天大错。我热爱照片墙，但我觉得添加故事区这个功能给界面设计带来了太多冲突，和照片墙的主旨背道而驰，会导致少数内容的丢失。我真是大错特错。现在故事区功能成了用户大规模创作内容的主要场所。不到一年，40% 的美国青少年每天都在用色拉布。从那次对色拉布的主观臆断中，我学会了重要的一课：有黏性的忠实粉丝群愿意耐心地等待下一次产品迭代的试验。下一项功能 "发现" 的发布见证了色拉布摇身变为一个真正的媒体平台，它提供了一个页面，让用户得以找到《国家地理》、T-Mobile②和 ESPN 等众多品牌。色拉布如今可以获得广告收入，这意味着任何能够破解色拉布密码的人都有望获得。

　　其中一个大咖是 DJ 哈立德（DJ Khaled）。在介绍他之前，我们先回忆一下阿什顿·库彻③。他不是第一个进驻推特的明星——向 2007 年 5 月进驻的汉默④和 2008 年 12 月进驻的莱瓦尔·伯顿⑤

---

①　法国互联网创新平台，是欧洲最大规模的互联网大会，是在法国巴黎举办的一个大型科技会议，每年主题不同，邀请来自全球的互联网创业大咖参加，影响力巨大。

②　一家跨国移动电话运营商。该公司拥有 1.09 亿用户，是世界上最大的移动电话公司之一。

③　阿什顿·库彻（Ashton Kutcher），出生于美国爱荷华州锡达拉皮兹，美国演员、制作人。

④　汉默（Hammer）是 20 世纪 80 年代末期美国经典饶舌歌手。

⑤　莱瓦尔·伯顿（Levar Burton），出生于德国兰德斯图尔，美国著名演员、导演、制片人。

致意——但在 2009 年 1 月注册后，库彻是第一个真正通过推特扩大品牌规模的名人。跟汉默和伯顿一样，他凭借自己的天赋建立了品牌，卖力干了几十年，当过模特，拍过情景喜剧和电影，担任过真人秀《明星大整蛊》[①] 的制片人和导演。每每谈起推特的历史，我都要提到库彻。因为加入推特仅仅四个月，他就成了首个坐拥百万粉丝的用户，这还要归功于他和 CNN 发起了一场精妙绝伦的比赛，比谁先获得一百万粉丝。在大多数人看来，推特曾经就像是一个笑话，却突然间变成了主流。

DJ 哈立德像阿什顿·库彻一样在色拉布创造了辉煌。他花了二十多年才在音乐界打拼出自己的一片天地，以常驻于迈阿密的 DJ、制作人和电台主持扬名。他在 2015 年秋加入色拉布，斩获了激励人心的"钥匙"，实现了人生的成功。他曾在自己的自传《钥匙》（*The Keys*）中写到自己对色拉布的热爱："这无关角度、剪辑、灯光，无关你看起来有多帅，这只是你真实面对粉丝的十秒钟。"[2] 这种真实性为他赢得了基数庞大的粉丝群。到了当年的 11 或 12 月，所有关注社交媒体的人都能看到他任何一条独特的动态。成千上万的孩子在艾奥瓦州的得梅因等地出来迎接他的巴士。你能开始感觉到色拉布的规模正在逐渐发生变化。随后，在当年的 12 月，哈立德乘坐喷气式飞机离开朋友家，却被初冬减弱的光线打了个措手不及，迷失在一片漆黑的水域之中。他继续行程，攻克这场

---

① 《明星大整蛊》（*Punk'd*）是美国的整蛊明星秀（2003—2015）。

难关，最终安然无恙地上岸。次日，他自己和个人品牌的名气出现了爆炸式增长。DJ 哈立德让色拉布的地位变得实至名归：它现在是个造星工具。

那么哈立德是怎么做到的？一个成年人怎么会在一个青少年交流平台上红起来呢？因为他的想法简单啊。色拉布上的内容都不会精修，哈立德只是做真实的自己罢了。有些人可能会说这种平庸朴素的内容愚蠢而毫无价值，但这就好比说我们生活中的琐事是愚蠢而毫无价值的。事实不是这样的。那些无雕饰的朴实瞬间聚集在一起，就构成了我们本身。我们和人打交道的时候，并不会把平凡的行为称为愚蠢，这种评价只会留给真正愚蠢的行为。我们接受人们的本来状态，我们明白他们说的话没有被搬上大荧幕的价值。色拉布只是一个捕捉本真现实的频道。人们会觉得那些分享愚蠢的唯一原因是，它们出现在了屏幕上，我们习以为常地认为，所有在屏幕上的东西都是制作精良、完美呈现的。我们在推特上表现得十分精明，具有政治触觉和洞察力，在脸书上则专门炫耀家庭和假期，在照片墙则通过照片和短视频建立人际关系，在色拉布上则发布"阅后即焚"的内容。这让许多人都如释重负。因为色拉布对内容创作者和用户要求都很低。它消除了许多社交网络的巨大障碍，你不用再担心下一条更新什么，能不能受欢迎，某一天会不会成为你的负担。既然可以自由发布内容，人们就可以随性地试一试建立个人品牌而无后顾之忧。这给许多人打开了一扇释放创造力、挖掘和发展新技能的大门。不少人都辞去了企业工作，或离开了创业公司，因为他们在色拉布上随便玩玩就创立了一个新艺术媒介，成了网红，吸引各大品牌迫切地出资成千上万美元在色拉布故事区推广自己的产品。

令人震惊的是，很多家庭通过记录自己的日常生活而真正有了名气。如果你愿意让孩子加入，那将易如反掌。这是一个非常私人的选择，但宝宝和可爱的小动物总能轻而易举地赢得喜爱。凯莉·罗宾逊明白这个道理。她用色拉布录下了自己和宝贝女儿洁德办沙龙谈话的视频，当时洁德正用梳子打理她的头发。凭借这个视频，凯莉的故事区和脸书一下子走红网络，并获得了 CBS 新闻、《本质》① 杂志等美国国内媒体的文章和新闻报道。如今，洁德拥有自己的广告营收 YouTube 频道，订阅者 7.4 万人，她的照片墙粉丝高达 20 多万。你可以看她打开美发公司送的儿童产品的视频，看她致谢送 T 恤给有自然卷发孩子们的公司的照片。这是你能看到最纯粹的成名例子，看起来似乎仅仅做自己也能赚钱。这就是一条精彩内容的收获。当然，洁德的网络名气能否长期延续，仍有待观察。但在这个时代，人人都渴望看到好消息和激励人心的内容，也许一睹你的平淡生活正是他们所期待的。

很多已经建立品牌吸引力并成为网红的人，在 2016 年 8 月照片墙发布故事区功能之际就不再更新色拉布了，包括本书中的一些人物。他们的看法是，色拉布已经炙手可热，为何还要凑热闹讨

---

① 《本质》（Essence）是一本针对 18 到 49 岁黑人女性创办的月刊，创办于 1968 年，对非洲裔美国女性具有重要影响力。

没趣？

你要去凑热闹，因为无缘无故地扔掉工具栏里的一个工具是错误的。听着：照片墙和色拉布是不同的。像往常一样，人们在不同的平台上寻找不同的东西。你为什么要剥夺他们的乐趣？当然，这是个艰难的挑战，但也是个机遇啊。因为艰难，20 个人里只有 1 个人能成功。你应该拼命成为那一个人才对。我明白你想专注于眼前能产生最大即时收益的事业，但万一失败了呢？为什么你会放弃一批潜在的新受众呢？

我写这本书时，还经常上应用商店查看排名最高的平台。色拉布经常位列前五。这意味着它不是个无关紧要的平台，也不会配不上哪个网红。

非要说点什么的话，那就是对任何准备拓展品牌的人来说，这款应用都是最有价值的。你的很多竞争对手肯定都过于依赖和关注照片墙，色拉布的潜在用户还在搜寻更多合胃口的内容。你要确保自己可以提供这些信息。网红们很容易陷入自创的媒体机器的漩涡之中。你可能会沦为自身的四不像，尤其在照片墙，上面的图片都是精心修过的。这是照片墙生态系统中的一大特点，你的故事区形象一定要和日常路线保持一致，并且能支撑你的人设。色拉布则不然，它自成一派。你可以利用它来打破常规人设，展现在别处看不到的不一样的自己。于是你就有了与众不同的内容。当你的其他频道必须互相交汇来支撑你的支柱内容时，色拉布却独树一帜。就其本身而言，这是色拉布让人认真对待的绝佳理由，即使它的 DNA

天然含有对滑稽无名之辈的吸引力。在色拉布，你通常凭借最平凡而乏味的内容，就得到了绽放惊艳独特光彩的机会。（这也是我应该牢记于心的建议，在色拉布我能做得更好！）

色拉布入门

让我们回到最初的问题：为什么成年人能在青少年交流工具上建立品牌、实现梦想？

有些人，比如宝贝洁德，非常有魅力，一公开表现自己或发布作品就迅速走红。但这种人毕竟是少数。对大多数人来说，想要受到关注，得有天赋，再加上技巧和策略。但色拉布限制技巧的使用，比如，没有标签，那就没有了曝光率。这说明，在色拉布上建立品牌是对个人品牌营销造诣的考验。这就是黑客文化，与投放广告、量化点击率和数学变量毫无关系。色拉布可以揭示谁是高手，谁是菜鸟。这就是为什么你不该烦恼既然照片墙有了故事区，还要不要继续运营色拉布。不管色拉布能否长盛不衰，它都是一个顶尖营销人才和品牌专家的绝佳训练场，而不是专注转化率的数字销售人员的培养皿。

或者这么说吧。商业世界分为两大阵营，一方是专注转化率的销售人员，一方是品牌营销人才。前者是短期玩家，后者可长期运转。我对销售人员并无不敬之心，我一直在教你们如何成为品牌营销人才，因为改变生活的创举在于长期思考，而不是念叨着捞快钱。打个比方，劳林·伊瓦兹，"瘦身机密"的创始人，就对她在色拉布的投资有着长远的考虑。

　　每一条快照我都会评论，而有时一天我会刷到两百条。我每天晚上和早上都各花一个小时来回复每个问题。这就仿佛在和读者们发信息，在和他们交朋友。我认为，这样人们才能真正贴近我的生活，我也才能走进他们的世界。这是社交的另一种方式。这允许我开口讲述故事，而讲述之际，我百分之百肯定观众们能有所收获。

　　举个例子，假如我去尝试冷冻疗法，我会拍下自己所处的环境，展示自己在大桶里冷到发抖的狼狈模样。然后我再展示我穿的衣服，把这些照片配上优惠手段，当成传单分享到色拉布上。这样我的关注者就能知道该去哪里，有什么优惠，该穿什么，在大桶里会是什么样子了。每更新一次，我都会争取符合这四点。我不会单纯发一张咖啡杯的照片，而是会说："今天我喝了冰咖啡，用的是硅胶吸管，因为它不含双酚 A①，我喜欢咖啡里的肉桂，因为它有利于降血糖。"一条快照都要配上文案，不然就会被看成自恋。

　　有了照片墙故事区，你就有了很多竞争者。色拉布有白噪声功能，每次我看到这样的图像，兴趣就来了，这就是一种脱颖而出的机会。有些玩这个的网红已经连续分享了五年的照

①　有研究表明，双酚 A 可能会引发癌变和其他功能紊乱。

片。色拉布会迫使你展现自己的个性。你聪明吗？幽默吗？除了已知的技能，你还有什么可以摆上台面的？

请记住，成名的人不会仅仅受限于色拉布这一个平台。由于大多数内容转瞬即逝，故而唯一能长时间保留这些内容，让人们发现和了解你的办法是和其他平台交融互通。举个例子，就算你错过了 DJ 哈立德的摩托艇名场面，也可以在 YouTube 上找来看，同理适用于凯莉·罗宾逊和洁德·罗宾逊的沙龙谈话。这说明要成为一个色拉布网红，你必须同时在其他平台成长起来。你在色拉布创作的内容必须足够精彩，才能在 YouTube、脸书和照片墙上吸引浏览量。

在色拉布上得到曝光的方式和电视台试图吸引人们收看他们节目的方式别无两样，就是在其他平台进行营销，那些用户可能会对你产生兴趣。这就是我的做法。我从来都不担心在色拉布上得不到曝光，因为我知道，我要做的就是通过推特、YouTube 和我的网站的基础吸引关注。我不会像发布脸书广告那样运用技巧来转化粉丝，相反，我宣传并营销自己的品牌。如果你能摸索出同时适用于多个平台的方法，那么你就是少数精英，因为大多数人只会极度依赖他们玩得转的一两个平台，掌握了这种罕见的技能，你将会成为主导的一方。

你在尝试各种曝光方法的时候，关键是要看怎么能吸引人们的关注。举个例子，如果你想人们关注你的色拉布账号，那么你就多发邮件，附上你的色拉布号码。非常简单，不是吗？你可以穿一件印有自己色拉布号码的 T 恤，也可以自制个性化的地理滤镜，自制滤镜现在依然定价不高*。这两种技巧都能以一种有趣、互动又不招摇的方式将自己的品牌展示在大众眼前。

色拉布进阶

合作。色拉布上没有什么曝光度，人们必须知道你是谁，有动力来找你、关注你才行。这样的话，想发起合作就很麻烦，除非你主动去其他平台物色人选，无论是通过电子邮件、照片墙，还是其他什么都行。你也可以提议一起在色拉布上搞特色活动，主动提供有价值的回报，让他们在自己的频道上帮你发声和宣传。如果你需要其他网红来帮你推广，那么你可能还不够红，无法引起他们的兴趣，除非你手里握有王牌。以下有几条建议，有助于增长粉丝，建立你的品牌，吸引更多的合作机会：

▶ 多写几篇关于色拉布的博文，这样媒体需要资料的时候就会找上你了。

▶ 举行一些色拉布活动来获取关注度，比如肖都拉斯就通过"侏罗纪项目"成功地开创了事业（详见第 181 页）。

---

*　想知道如何自制滤镜并上传？请阅读我的博文《如何自制和使用色拉布的新款个性化地理滤镜》。https://www. garyvaynerchuk. com/how-to-create-and-use-snapchats-new-custom-geofilters. 获取清晰明了的说明。

▶ 花钱买一条谷歌广告，写上"在色拉布上该关注谁?"，让它提供一个名单，将你的名字排在第一位。

还有一条建议：你可以去看看昔兰妮·齐安可[①]，也即昔兰妮 Q 建立的网站 The 11th second.com，她是一名杰出的色拉布艺术家和网红。她针对色拉布曝光度不高这一问题创建了这个网站。在那里，你可以提交并查看色拉布玩家的描述和用户名，这样会更容易找到符合自己兴趣的账号，比如利用色拉布的艺术来教手语的 Meowchickenfish 和制作烹饪视频的 Snapchatchef。这个网站收藏了色拉布大量精彩艺术的截图和资源，在这里玩家们可以找到小贴士、灵感、建议、代笔等等。昔兰妮 Q 发现她最爱的平台上没有"发现"功能，并解决了这个问题。正如所有出色的创业者一样，她也另辟蹊径了。

情景设想

假设你就像我，是一个 42 岁的网红，受限于他人对你所发内容的固有印象，有点束手束脚的。你已经开了一个博客、一个问答节目、一个每日视频博客。但刷色拉布的时候，你发现它给你提供了一个有趣的宣泄口，你可以树立新人设，创作微视频。在这里你可以谈论你的咖啡，分享自家超市里五颜六色的谷类过道照片，告

---

① 昔兰妮·齐安可（Cyrene Quiamco）是位平面设计师，因擅长在自己的照片旁绘制名人肖像和迪士尼人物而在色拉布大红，约稿稿费可达数万美元。

诉大家你最喜欢绿色的马克笔。就是在色拉布上，服装店老板里克录下自己和朋友玩威浮球①的视频，房产中介莎莉承认虽然自己上了年纪，但还是很喜欢吃油炸派。分享这些看起来琐碎而无关紧要的细节——虽然通常会加上五颜六色的涂鸦和有趣的滤镜——对我们在各自的领域中建立个人品牌、成为网红毫无帮助，但这给了我们的关注者一个机会，让他们了解我们最人性化的一面。

我如何全力出击

肖恩·麦克布莱德，肖都拉斯

IG：@SHONDURAS

大家都知道，我认为如果一心想成为商人或创业者，花四年去读个大学，纯粹就是浪费时间和金钱。

真他妈浪费时间和金钱。我对此有强烈的感受。

但是，我非常感激犹他州的韦伯州立大学，因为 2011 年，就是在这里，为了完成一位教授的阅读任务，肖恩·麦克布莱恩读完了《出击！》。如果他没有遇见这本书，那么你们可能得晚几年才能听到他的名字。但就是这个时机让肖恩成了一个超级网红。实在机不可失！

---

① 威浮球（Wiffle Ball）是一种新兴的垒棒运动，规则与传统棒球相似。不同的是，它由塑料制成，球上有各种孔洞；对人数要求不高，最少两人即可进行比赛；场地也无须特别专业。——编辑注

　　肖恩就是"任劳任怨"和"事半功倍"的模范。获得学位的时候，他还经营着一家卖滑板和滑雪板的店。这挺正常的，此前滑雪一直都是他人生中的最大乐趣。他的其他爱好就是鼓励人们，传递正能量。

　　他在洪都拉斯志愿服务过两年，就这样他收获了绰号"肖都拉斯"。在那里他服务民众，改变了他们的生活，为此他受到了鼓舞。滑板店是他分享对运动和服务的热爱的理想之地。问题是，虽然他喜欢这份工作，但他并不是一直那么开心。他知道自己想创业，也知道自己的激情在于滑雪。但他隐约觉得根据这个激情创业也许是一个很棒的方式，可以确保他不会陷入对滑雪的狂热之中，就像《生命因你而动听》①里的音乐老师和他被遗忘的交响乐一样。"你可以抹杀你的激情。比如，一个大雪纷飞的日子，我却必须待在店里，因为大家都要买装备去滑雪。我觉得最好的方式是去追求和你的激情搭边，却又不完全算是你的激情的东西。"

　　读完《出击！》，他将自己从书里学到的知识运用到店内的客户服务中，但更重要的是，这本书让他明白了，如果他能发挥创造性，他也许可以创建电商业务。这样他每天都能开开心心地做着自己喜欢的事。他对电商一窍不通，但他认为最好的学习方法就是亲身实践。在网上卖什么能让他定期与人接触呢？当然，他第一时间

---

　　① 《生命因你而动听》（*Mr. Holland's Opus*）于 1995 年在美国上映，该片主要讲述了心怀远大理想的作曲家格兰·霍兰为了挣钱完成他的事业，在一所中学任音乐教师，致力于通过自己的方式培养学生对音乐的兴趣。

想到的就是滑板和滑雪板。但滑雪板需要大量储存，运输成本高，很难批量购买。这是他的激情，却不是一个实际的选择。那么，什么东西体积小、重量轻、易于批量购买呢？

珠宝。

谁会买珠宝？

妈妈们。

那妈妈们都去哪儿逛呢？

脸书。

当时，脸书仍处于爆发式增长的初始阶段，每月新增用户高达数百万，女性用户占网站会员总数的 57%、股份的 62%。[3] 而且脸书拥有的所有功能都能提高参与度。打个比方，如果某人评论了一条帖子，那么他全部的朋友都能看见！放到现在，这似乎不值一提，但在当时还是相当了不起的。

脸书变成了肖恩的网上店铺和他的设计工作室。

"我会让粉丝们告诉我他们喜欢哪种风格，帮我给珠宝起名字。我会送些赠品，'谁给这条项链起了一个最好听的名字就可以得到十条免费项链'。"他和粉丝的互动热火朝天，他给了每人一个和网站互动的机会。"这感觉就像他们是这间珠宝店的一分子，我们齐心协力把店铺打理好。"

这次创业竟然一炮而红，没人比肖恩更惊讶了。

"我都没想过这法子行得通。我本来想着，这头打理滑板店，那头还能卖出几条项链，每周多赚个 50 美元都很不错了。但仅仅一周，我手头的订单就忙不过来了。半个月内我就雇了我所有的妹妹帮忙，再送她们项链当报酬。"

才两个月，他就净赚了六位数。

他很快雇了更多帮手，到第一年年底，珠宝生意已经为他赚了 120 万美元。肖恩却没有庆祝过，他确实很高兴，但大约八个月后，他不干了。因为需要不断快速学习，所以他对这门生意充满了激情。但现在他已经学到了他需要的一切知识，他准备好了，要将它们运用到新的事业中去，在这项事业中会运用社交媒体，帮助各大品牌讲述故事和传递积极信息，而不是单纯地销售消费品。肖恩把珠宝生意卖给了他的合伙人，辞去了零售店的日常工作。但他并没有马上创立新公司，而是接受了一份理想的工作，为他最喜欢的几个滑板和滑雪板品牌做销售代表。这个职位给了他很多机会，让他尽情思考，也为他赢得了他所需的时间，可以研究市场和设定一个可发展的长期商业理念。

这份工作要求他经常出差，所以肖恩还在上高中的妹妹们让他下载一款备受青少年欢迎的新应用"色拉布"，这样和他们分享旅程就会容易些。而这，就是他一直在寻找的答案。当时你必须持续按住屏幕，图片才不会消失。这意味着百分之百的参与度。你可以滑动手指，在照片上画卡通和涂鸦，而其他平台没有这个好玩的功能。如果说肖恩从他的珠宝精品店经营中学会了什么，那就是他懂得建立安全的网络社区，让人们聚在一起，参与其中，享受乐趣。

"最大的挑战就是要在一个不谋求发展的平台上谋求发展。色拉布是一个类似短信的通信平台，而我必须将它变成一个内容创作平台。最终，色拉布支持了用户更新内容，这有利于它的转变，但我首先必须有创造力。"

为什么色拉布上那么多人始终寂寂无闻，肖恩的内容却能引起广泛关注？因为他把色拉布当成了事业对待。很多人把好内容发布在平台上，只希望能受到关注，吸引足够多粉丝，让品牌找上门来。你通常得更主动一些。肖恩有个计划。他为自己设定了一系列目标，从那一刻起，他所做的一切都是为了实现这些目标。

他的第一个目标是通过创造性的参与和合作来培养受众，于是他开始涂鸦。每一天他都会发一个自己的搞怪视频，或是发一张涂改过的好笑又好玩的图片，比如一只在雪地上吐彩虹的独角兽，他那穿着傻气衣服在摆姿势的达克斯猎犬。他还邀请他的粉丝们参与他的拍摄。举个例子，他把自己画成三角龙，说要建一个侏罗纪公园，并发帖邀请朋友们自拍，让他们把各自画成恐龙，再把照片发给他。他将这些照片截图，展示了出来，结果收到了非常热烈的反响。"这感觉就像一对一的交流。在很多社交媒体上，你发出一张好看的图片，然后人们就在下面评论，感觉色拉布更具协作性，我们共同创作了故事。"

大多数人会自然而然地认为，肖恩的艺术才能让他来到了色拉布这个平台，但他走红的方式很奇怪。

> 我真的不懂画画。当我决定要玩色拉布时，我心想："好吧，如果要讲好故事，这是个不错的新兴平台，就是需要涂鸦技巧和创造力，我还得学。"我真的在谷歌上搜索"怎么画恐龙""怎么画一双生气的眼睛"，再现学现卖，画到恐龙上。我从来都没有复制粘贴过什么东西，都是在网上看看艺术作品，再自学画画，慢慢地我就学会了如何分层。点开色拉布，我能给你画一张有趣的小涂鸦，但给我纸、笔或画笔，我可能不能为你做什么。

他联系了一位才华横溢的色拉布艺术家迈克尔·普拉特科，他经常和粉丝互动。以共同促进双方粉丝群的增长为目标，他们联手开启了在色拉布上的首次合作：一场拳击比赛。他们邀请各自的粉丝发给对方"挥拳"的快照，画上一到两个色彩鲜艳的 Kapow!（吧唧！）涂鸦，还有拳头和拳击手套。谁收到最多的拳击，谁就输。不到一个小时，他们打了几千拳，肖都拉斯和普拉特科每一轮都会发出自己被揍得鼻青脸肿的涂鸦自拍。他们最终宣布这场比赛是平局，但不管怎样，肖恩还是赢得了比赛，他的粉丝增加了数千人，这样他就可以进行下一阶段的计划了。

他的第二个目标是获得媒体的关注。在色拉布上发展品牌的主要障碍就是它的即时性。色拉布没有转链，没有分享，所有内容在 24 小时后都会消失。色拉布用户要延长内容的存在时间，维持永久在线状态，唯一的办法是将图片截图，发布到推特和照片墙上。但肖恩突然想到还有一个办法，那就是让人宣传他。当时色拉布连官网都没有，因此人们了解这个平台的唯一途径就是谷歌。肖都拉斯想成为这里第一个映入人们眼帘的名字。

他又有了主意。可想而知，他的妈妈为他感到非常自豪。她联系了一家媒体，让他们给他的作品出一期专题。考虑到记者们并不会关注一个自我推销的人，他决定通过妈妈的电子邮箱来宣传色拉布的故事。每晚他都会让他在菲律宾的助理起草个人电子邮件，并附上他的作品，发给玛莎堡①、嗡嗡喂②和商业内幕③等技术贸易网站。这些电子邮件都是以他妈妈的语气写的："我在 YouTube 上看到了你的近期文章，我觉得这个叫色拉布的新平台上有个故事很适合你的观众。我儿子会在色拉布发布些有趣的故事……"早上醒来，他就会收到三到四封邮件，问他妈妈要肖恩的电话号码。

他开始登上了《时代周刊》《福布斯》和《快公司》的头条，媒体的关注度不断攀升。这让他始终保持话题和思维相关度，当各

---

① 玛莎堡（Mashable）是皮特·凯什摩尔（Pete Cashmore）于 2005 年 7 月创办的互联网新闻博客，撰写关于 YouTube、脸书、谷歌、苹果等的新闻。

② 嗡嗡喂（BuzzFeed）是乔纳·佩雷蒂（Jonah Peretti）于 2006 年创建的新闻聚合网站，致力于从数百个新闻博客那里获取订阅源，通过搜索、发送信息链接，为用户浏览当天网上的最热门事件。

③ 商业内幕（Business Insider）是亨利·布洛吉特（Henry Blodget）于 2007 年创建的科技博客、数字媒体创业公司、在线新闻平台。

大品牌开始考虑入驻色拉布时，正如他所料，他就是他们第一个想到的人。

一切都在进行着，肖恩同时在努力实现第三个目标：讲述品牌故事。"每一个我交流过的品牌都不仅仅代表着一种产品，他们拥有自己的故事，也希望分享给大家。"一直以来，他都在和小品牌、当地企业打交道，看他们会不会给他一个机会，让他为他们创作出一些作品，当成案例来研究，还可以运用为营销工具。没人感兴趣，直到他写信给迪士尼。令人难以置信的是，傲视群雄的品牌迪士尼居然颔首同意了。那一年，迪士尼的品牌口号是"展现你的迪士尼一面"，于是肖恩跑遍了迪士尼的每一个角落，一边拍照一边涂鸦，寻找他的迪士尼一面。他会像是卡通世界的人物，还是未来世界、冒险乐园的呢？（到最后他什么都像，他自拍了一张玩耍的照片，配上看见人猿泰山后的恐惧表情涂鸦，还有一条机械手臂、飘在肩膀上的小叮当仙女和一项胡克船长的假发。）

从那时起，他的品牌事业起步了。除了多次担任迪士尼的品牌大使之外，肖恩还为红牛、X 限运营商①、塔可钟②和很多其他公司创作色拉布内容。他甚至还助力宣传了 2015 年发行的《星球大战：原力觉醒》。但即使处于事业成功的巅峰时刻，他仍然不断探索未来的方向。

---

① X 限运营商（Xfinity Mobile）是美国有线电视、网络公司、运营商。
② 塔可钟（Taco Bell）是世界上规模最大的提供墨西哥式食品的连锁餐饮品牌，隶属于百胜全球餐饮集团。

"事情就是这样：一旦你在某件事上实现了成功，你就必须再接再厉。谁知道色拉布还能红多久呢？让我们再次出击吧！"

肖恩仍在色拉布上持续走红，同时，他开始发展自己的YouTube 频道。最初，他只是记录他那些疯狂的色拉布冒险和旅行的幕后，但随着他创作的 YouTube 品牌视频越来越多，他的生活也渐渐地排满了会议。他生活中的各个角色不断地出现在频道上，包括他的工作室和办公室 "太空站" 的员工，还有他的妻子珍妮、宝贝女儿阿德莉。

2016 年底，他们创立了第二个 YouTube 频道，把所有天马行空的念头都恣意地展现了出来。肖恩把这个频道想象成一部情景喜剧，他的所有朋友和家人都在里面扮演着独特的角色。他希望他的观众能喜欢上这些角色和故事线，就像他们喜欢《宋飞正传》①那样。

虽然他的 YouTube 品牌交易数量已经超过了色拉布，但他的色拉布粉丝仍然很活跃。此外，他继续接受演讲邀约，包括 TED 演讲②。他还担任顾问，帮助品牌制定战略，与网红合作，并组织强有效的社交媒体活动。2017 年，他宣布自己将为维亚康姆集团③创作

---

① 《宋飞正传》（Seinfeld）是 20 世纪 90 年代美国最受推崇的情景喜剧，讲述了四个平常人的生活。

② TED 是 Technology、Entertainment 和 Design（科技、娱乐、设计）的缩写，这个会议的宗旨是 "用思想的力量来改变世界"。TED 演讲是专业讲座，观点响亮，开门见山，种类繁多，看法新颖。

③ 维亚康姆集团（Viacom）是美国第三大传媒公司，拥有派拉蒙电视集团（其库存影片包括《星球大战》《阿甘正传》《教父》《碟中谍》《泰坦尼克号》等）。

品牌内容，包括其旗下的尼克国际儿童频道①和全球音乐电视台②。最近，他和几支世界一流的团队成功创立了一个电子竞技组织。他的步伐永不停歇。这个拥有商业嗅觉的长发滑雪者每一天都在坚定地传递正能量，给人们带去欢笑和欢乐。

他成功的秘诀是什么？"人际关系。我觉得很多人建立的关系都是单向的，虚假的。他们只想索求，只想找人合作，找机会露脸。他们不会用心发展真正的人脉，不会提供价值和付出。但如果你这么做了，最终你会得到回报的，这就是我成功的秘诀。"

我亲眼见证了这个男人在过去的五年里兢兢业业，勤勤恳恳。我最钦佩他的一点就是，无论做什么，他总能给人们带来快乐。他从不惧怕尝试，讲的故事都是一流的。在这个世界上，许多人总能找到各种各样的借口说"不"，而肖恩永远只会说"好"。这就是他的秘诀。

---

① 尼克国际儿童频道（Nickelodeon），维亚康姆集团所有，是美国知名的有线电视频道。

② 全球音乐电视台，也称音乐电视网（Music Television，MTV），1985 年之后为维亚康姆集团所有，是可以创立播放音乐录影带（MV）的单独的电视网。

十 | 推特（Twitter）

（参考中文平台：微博）

如果你觉得以下内容有点熟悉，似乎曾在《出击！》里看过，那是因为你确实看过。在推特建立品牌的策略在过去的九年间有所改变，但大多数人还是没有学会如何正确有效地运用。

推特是整个社会的茶水间，在那里每个人都可以了解最新的时事或流行文化事件。唯一不同的是，办公室职员通常得等到事情发生的第二天，才能聚在一起，分享自己的见闻和观点，而推特上的对话是二十四小时进行着的。

写这些的时候，笔者心里觉得推特正处于一种非常棘手的状态。它仍然是唯一纯粹的社交网络，人们以一种独一无二的方式交换内容，交流事件，彼此互动。当然，其他平台一开始也是社交网络，但最终它们都变成了内容管理系统。它们也有参与度，但规模远远小于推特。在推特上，你可以在任一瞬间进入任何话题的对话，包括烹饪、外太空、红酒、运动鞋、政治、滑雪板、塞尔脱兹含矿汽水等。运用巧妙的话，这种参与会促使人们在别处寻找你的内容。不幸的是，便利的互动让推特发展成了一个交流平台而不是消费平台。人们在推特上交流得很多，这就成了问题。听我做主旨演讲，比我们一起聊天要消耗更多精力。因为当我们聊天的时候，尤其是团体聊天，我们很可能打断对方，互相交谈，或被房间里发生的其他事情分心。那么当你在推特上和他们交谈的时候，消费者很难消化你想让他们吸收的一切。持续的交流和海量的信息对传播思想非常有利，这对网红和媒体也有好处。但过度的闲聊让人们更难成为推特的名人。

推特入门

推特是一个可以不同程度地倾听、回应和操控人心的平台。问题是，大多数人都不是特别好的倾听者，对这一类人来说，想要建立个人品牌，让世界倾听他们的声音，往往是一个特别大的挑战。但要在推特上保持良好的互动，倾听是关键。只有通过倾听，你才能找到交谈的线索，找到那些热衷于提升个人影响力的话题的人。假如你是一个想成为下一个网红体育节目解说员的律师，那么你有可能会在 YouTube 上发布与体育相关的精彩纪录片，创建体育播客。但是，想让别人扫一眼这些平台，几乎完全取决于你的内容质量，即便你的内容很精彩，大部分人也看不到你。但在推特上，一个当红的体育节目解说员会觉得自己理应吸引所有人，可以说是每一个人，都来讨论红雀王①、亚当·温赖特②、红衣主教③、红衣主教的死对头、芝加哥的小熊队④、瑞格利球场等等，并且会以一种友善、有趣的方式回复评论，在自己和粉丝之间建立联系。第二天，她可以同样这么回复讨论纽约喷气机队的网友，参与所有与喷气机队相关的话题。如果她做得够好，够频繁，最终她差不多都能一把抓住这些人的肩膀，直接指向她的网站、YouTube 频道或播客。

问题是，你需要非常自律、耐心。让我解释一下自律：就是用行动支撑你的抱负。新手每天要花四五个，甚至六个小时去进行这种互动，而且时间通常都在黎明时分，如果她想要成为下一个琳达·科恩⑤的话。但如果她只是想要镇上的酒吧常客在讨论本地球队时能认出她来，那么每天花个 20 到 40 分钟就绰绰有余了——也许吧。

现在，让人们保持关注、收获一次订阅或一个忠实粉丝，仍然完全取决于消费者们在新手体育节目解说员的网站上看到的内容的质量。但问题是，推特已经提供了别的平台没有的机会，让你利诱

---

① 红雀王（Kolten Wong），王寇顿，华裔，美国职业棒球大联盟圣路易红雀二垒手。

② 亚当·温赖特（Adam Wainwright），美国职业棒球大联盟圣路易红雀投手。

③ 阿诺德·雅各布·奥尔巴赫（Arnold Jacob "Red" Auerbach，1917—2006），美国传奇篮球教练员，人称"红衣主教"，一直被认为是 NBA 最成功的主教练。

④ 芝加哥小熊队（Chicago Cubs）是美国职业棒球大联盟的一支球队，经济实力相对雄厚，有超过 100 年的历史。

⑤ 琳达·科恩（Linda Cohn），美国知名体育节目主持人，主持过 ESPN 的《体育中心》。

也好，威逼也好，胡萝卜也好，大棍也好，把网友拉到你的轨道上。这个过程非常漫长，工作量巨大，但如果你愿意去做，你的内容也很特别，你会看到回报的。

推特进阶

开发业务。众所周知，推特仍然是第一个攫取我的注意力的平台。因为直到今天，我仍然非常关注推特网友对我的评价，比其他所有平台的加起来都还要紧张。很多在其他不同领域的人也是这样的。因为推特自诞生便是一个交流平台。你在发展自己的品牌时，推特是开启业务、开发机会或合作的好地方，甚至可能是最好的地方。打个比方，有些网红的照片墙粉丝成百上千，甚至以百万计，推特粉丝却只有几千。你觉得他们在哪里得到的帮助和合作邀请最多？照片墙。所以，即使他们在照片墙上花的时间更多，但如果你在推特上给他们发直邮广告，收到回复的可能性会更大。因为在那里没那么多人分散他们的注意力。

在推特发布你的支柱内容还有其他几个优点：

▶ 它拥有完整可信的名录。这个平台历时已久，实名验证系统已经足够完善了，它的搜索功能会更强大。当然，你也可以花费大量时间苦苦猜想你看好的照片墙用户是真的还是假的。

▶ 推特的转发功能是迅速打响知名度的绝佳机会。假如你在 YouTube 上制作了说唱歌手 Logic[①] 的音乐视频合集，即使你打上了他的标签，他也不太可能看得到。但是把这个合集分享到推特上，网友的转发就能惊人地拉升视频的热度，就连最有名的网红都会注意到。这种口碑是照片墙或色拉布所没有的，对于内容创作者来说非常有利。

▶ 不仅如此，不比其他平台，在推特上你可以多发内容，多激发这种口碑。我每天在照片墙上更新三四次，但在推特上，有几天我连续发了 47 条。推特既允许你发布文字，也允许你发布图片，这给了内容创作者灵活度和自由度，让他们多讲出自己的故事。

在推特上，你总是只有一条评论之遥就能被注意到，为自己打响名声，因此，交流的机会越多就越好。但是，请记住，最受欢迎的晚宴客人不仅故事讲得好，还很懂得倾听。所以带上你的聪颖、你的风趣、你的才智到派对去，让周围的人都加入谈话，带动交流，然后看着你的影响力逐渐提升，机会成倍增长。再没有其他平台能给你这样开放的环境，让你如此频繁地和那么多人互动，别对它掉以轻心。

---

① Logic 本名 Sir Robert Bryson Hall II，是一名美国说唱歌手和音乐制作人。

情景设想

假如你是一个名叫安娜的 22 岁大学生，你的梦想是成为一个体育评论员。我知道很多人都有这样的梦想，因为每个月都有人发邮件给我，让我帮忙申请 ESPN、露天看台①或高脚凳体育②的实习。你知道这意味着什么吗？这意味着就连那些整天泡在社交媒体上，完全不记得推特诞生之前是什么年代的孩子们，都仍然透过狭小的镜面看世界，彻底忽视了眼前开创事业和个人品牌的大好机会。

体育运动的美妙之处在于，它们是最有效的均衡器。任何一个篮球迷都可以直接走到一个 20 人的陌生团队里，自如地讨论起勒布朗对乔丹，并在短短的几分钟内打成一片。对于很多人来说，最容易打破坚冰的是体育迷们。体育运动也有利于人们融入新的人际关系，提供了一种和陌生人建立联系的途径，而不必依赖其他社会身份，如你的工作、邻居或学校。推特正是为这种对话而生。事实上，对于体育界人士和爱好者来说，没有比推特更好的地方了，因为你可以参与的体育对话数量和种类没有任何限制。

---

① 露天看台（Bleacher Report）是美国著名的体育媒体，创建于 2008 年，聚合各类来源的体育新闻，提供原生态体育以及娱乐体育编辑内容，用户可以对其进行讨论和评价。

② 高脚凳体育（Barstool Sports）是一个男性网站，以博客的方式展示最新的体育、生活和娱乐新闻并销售企业产品。大胆创新的风格让这家媒体从之前在波士顿公交车站免费发放的体育博彩周刊，发展成今天的数字多媒体巨头。但因野蛮粗俗、性别歧视、言论出格而饱受诟病。

现在想一想，你觉得谁更有机会拿到 ESPN 的实习：（1）一个简历混在另外四千个竞争者中的无名氏，默默地祈祷实习生项目主管会对他的资料青眼有加？（2）一个推特玩家，长期活跃在 ESPN 人士和员工的推送中，对他们有实际性帮助？

体育节目解说员之间的区别就在于他们综合数据能力的强弱，当然，也在于他们对临近赛事的精彩讲解，不管是麦格雷戈对梅威瑟，骑士队对勇士队，还是温布尔登网球总决赛。推特在推广你的影响力和品牌上是无可匹敌的。如果你在找工作，或想在某个行业谋得一席之地，将你在推特上的活动看作是人生中最长的面试吧，对你有好处。很少有比面试结束后懊悔自己不多说一点，展示自己的知识或强调自己对组织的价值更为沮丧的事了。但在推特上，你永远不会有这种感觉。这个平台给予你无限的可能性，让你展现自己独特而值得被尊重的地方。

所以，用推特向世人——尤其是那些可能需要实习生的各大体育媒体的重要人物——展现你独一无二的见解和性格吧。

先去看看热门话题（在移动端应用点击搜索图标，就能看到一列名单），肯定会有体育相关的。点进去，开始表达你的想法。你有两种方式可以选择，一是写作，一条推文限定 280 字，你可能要写 11 条才能把想说的说完，不过没关系；二是录制自己讨论这个话题的视频（现在一条推特视频的时长限定在 140 秒内），再发布出去。记得加上标签，这样每个搜索该话题信息的人都能看到你的推文。等你绞尽脑汁，分析完热门话题，再找其他话题，通过回复其他人的推文，加入该话题下的对话。你日复一日，从早到晚地在从 NHL①、MMA②、PGA③ 到 WT④（2017 年 6 月之前被称为 WTF，后更名，去掉了名字中的 "Federation"）等各大平台上用信息或视频分享你的见解，就能体现出你知识的全面性。你回复名人，创作内容回应著名的体育记者、相关人士、教练和运动员。当人们点进那些标签，看话题下的对话时，你就给自己争取了每一个可能被发现的机会。

把这些做好，得花四到六个小时。

这才是第一天。

第二天，你要再花 4 到 6 个小时重复一遍，或尽可能地利用你下班、放学后的时间。请记住，只花 11 分钟总比什么都不干好，但也请再记住，12 分钟能比 11 分钟赢得更多机会。

第三天是周六，太棒了！不用上班！这意味着你可以花 10 到 17 个小时去找与体育相关的话题，和志同道合的人一起讨论啦。

第四天是周日，休息日。你"赖"了一个小时的床，所以你只能工作 10 到 16 个小时了，要好好利用起来。

第五天，周一。上班，上学。记得在空余时间，比如午餐或换

---

① 国家冰球联盟（National Hockey League），是一个由北美冰球队伍组成的职业运动联盟。

② 综合格斗（mixed martial arts），是一种规则极为开放的竞技格斗运动。

③ 职业高尔夫球协会（Professional Golfer Association）锦标赛，高尔夫球四大满贯赛事之一。

④ 世界跆拳道联盟（World Taekwondo），原名为 WTF（World Taekwondo Federation）。

班时间上推特。和爸妈吃饭（放下手机），回家。一定要复习一下临近的考试*，再逛逛推特，凌晨两点睡觉。

反复、持续地坚持做下去，直到你的手指都要长茧子了，眼睛都要流血了（至少你这么觉得）。

其中一条推文，也许五天内，但更可能是一年后，吸引堪萨斯城、蒙特利尔或芝加哥一家体育台的人来主动联系你，了解你在哪里工作，看你是否有兴趣加入他们的团队。或者可能会有一家新闻台来联系你，让你评论一篇文章（新闻台会密切地关注推特，收集素材）。推特上的一条内容可以等同其他平台上的一百条。不同平台的影响力就是这么不均衡。

我想说清楚一件事。这本书，正如我发布的99%的内容，都是为那些不是100%快乐的人准备的，为那些心怀抱怨、祝愿、希望，或幻想"如果我……会怎么样呢？"的人准备的。我总是说每天要工作12或14，甚至17个小时，那是因为大多数成功故事和创业模范都要付出这样的代价才能走到今天。我不推荐不健康的生活方式，比如睡太少，或与家人隔绝。但是我想问问批评者们，你们口口声声说像我一样的创业者无法平衡工作和生活，一直在自损健康，但你们有没有想过，那些你们坚持说一定要睡够8个小时的人为什么会如此不满自己清醒着的16个小时，并决定好好投资这一部分时间，让自己过上更好的生活呢？你宁愿每天晚上呼呼大睡，

---

* 许多体育实习都要求申请者必须参加或曾参加过学位课程，在这种情况下，必须尽你最大的努力，让你的学费物有所值。

白天再痛苦 16 个小时，还是稍微睡少点，但是清醒地享受 20 个小时的快乐呢？我每次都会选择快乐，大多数成功人士也是。

我如何全力出击

贾里德·波林，弗洛懂摄影

YouTube：FROKNOWSPHOTO

贾里德·波林的父亲风趣地解释了他为什么要做自由职业者："我可不想撒个尿都要人批准。"他是一个儿童服装销售员，以诚信立人。当贾里德决定自己创业时，他发誓诚信会是他的名片之一，还有他的发夹。

贾里德用发夹当商业名片，因为他的头发非常爆炸，也因为他是"弗洛懂摄影"的创始人。这个 YouTube 频道致力于提供"有趣且信息量丰富的视频"，分享你想知道的与摄影有关的一切，从正确的打光技巧到选择最好的设备都会提及。他年轻时在一家相机店工作，15 岁开始从事专业摄影，和乐队一起巡演了 10 年。他不是那种绞尽脑汁都想不出自己的激情是什么的人。

多年以来，他一直都经营着一个精致的网站，把自己最好的作品上传到上面。但他看不到这里头有多大的商机。他 29 岁了，母亲意外患癌身亡，他留在家里帮父亲照顾百岁的奶奶。他像一般的摄影师一样，靠摄影谋生，一年挣个两三万美元。当时大多数人都说博客是一个建立受众的途径，但他并不觉得自己会写东西。他会收看其他摄影师的 YouTube 频道，但始终对他们发布的信息不置可否。他没有在评论区里提出批评，也没有告诉他们做错了，他只是选择自己做得更好。

他用自己的摄影技术换来了一张票，参加了一个活动。在那里他听见一个大声叫卖葡萄酒的销售员谈起他是怎么通过拍视频来经营自家酒类商店的。

> 这家伙很真实，即使他已经出了一本书，也不会去推销什么。他说："要在网上成名，没有什么秘诀。擅长自己的事业，心中有激情，就可以放手去做了。"这引起了我的共鸣，就像卸掉了我肩上的重担，因为他说出了我的心声。我以前做过尝试，拍几个视频，放到网上，但不知怎么，我总是提不起劲来。我想，当时我并没有准备好。读了这本书后，我茅塞顿开。我想，现在我准备好了。他在红酒行业大获成功；我没理由不能去闯一闯，在摄影行业做出点成绩来。

贾里德拍视频的初衷是吸引更多摄影活儿。但人们开始向他咨询如何购买相机设备。以前他总觉得别人要拍照，都是在和他竞争，他从来没想过要帮他们，搞不好他们会抢他的饭碗。现在他的态度发生了 180 度的转变，他决定要免费提供所有信息。"因为，你知道吗？我懂的他们不懂。"

背后还有另一层动机。他母亲的死一直沉甸甸地压在他的心上。多年以来，她一直让儿子教自己更好地使用相机，但时间毫不留情地溜走，已无从挽留。"这是我人生中的最大憾事。她想要学摄影。我没理由还不把握时间去教别人。其他人需要从我的知识中受益，这样他们才能成功，开创自己的事业。"

他用额度 1.5 万美元的信用卡办了最长 18 个月的无息融资，他怀疑这张卡是他父亲的，但登记了他的名字。他买了相机设备和各类商品，开始发布内容。

我找到我能做的事情，铆足了劲去干。我把自己关起来整整两年，日复一日，毫不停歇。我每天拍一个视频，早上起来，想出一个主意，拍视频，剪辑，吃饭，回来，发上网，吃完饭，回复评论到一两点。我没有用提词器什么的，如果说错了，我就自嘲一下，再继续拍下去，其实部分原因是我不懂怎么剪辑，我会的不过是添加片头和片尾罢了。有时候"足够好"确实已经足够好了。

不到半年，浏览量就上升了：先是一百，再到两百。一直以来，他都在评论、回复问题，和观众互动。谁想聊天，他就陪谁聊。

《出击！》讲过怎么在 search.twitter.com 上建立业务。我会特意回复每一封邮件，我公布了自己的 Skype 号码，任何人都可以随时打电话给我。如果我有空，我就会接电话。我会征求对方的同意，对通话录音，因为没有比免费内容更重要的了。他们会问我问题，如果他们问了，那么其他人很有可能也有同样的疑问。

他利用人脉在其他 YouTube 频道上露了面。随着浏览量开始攀升，订阅者也不断增加。尼康、佳能和其他相机品牌很快就开始请他对产品测评，有时甚至付费。"我有自己的原则。你可以付钱给我，但你不能要求我该说什么。产品不好，我就直说，不管你付不付钱。这是为了建立信誉。"

这种不收费的分享非常受欢迎，最后他都不需要接其他摄影活儿了。现在他和自己想合作的乐队、音乐家进行等价交易，他们请他摄影，他将更多内容和大家分享。七年内，他发布了 2 400 个视频，全都致力于帮助人们成为更好的摄影师，这些视频在 YouTube 上的浏览量高达一亿。前两年快结束时，他创造了将近 8 万美元的收入。如今据他称，他可以赚到七位数。

不埋头苦干，你是不可能成功的。如果有人告诉你躺着也能赚钱，那绝对是在胡说八道。这要求你兢兢业业，坚持不懈。数十年的付出积累起来才能让你崭露头角。你对自己的事业有激情吗？你擅长你的事业吗？那就去干啊。一是要看《出击！》，二是要行动起来。

多年来，我一直在仔细地观察贾里德，让我印象最深刻的是他从不抱怨。像我一样，他在网上发布了几百个小时的内容，却得不到一点关注。但他没有退缩。这就是他和几乎其他所有人，包括将会阅读本书的大多数人都不一样的地方——他不过早言弃。坚持就是胜利。

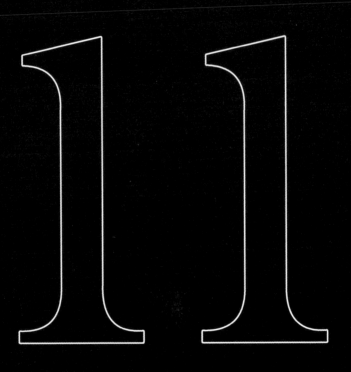

十一 | YouTube

（参考中文平台：哔哩哔哩）

YouTube 让我很开心。相比其他平台，我相信在这里我更能改变别人的一生。自 2009 年起，数以百万的人辞掉工作，开始在 YouTube 谋生。这就是我为什么写《出击！》和职业生涯中的其他书。

讽刺的是，我在 YouTube 犯了人生中最大的错误之一。2006 年，我在 YouTube 已经崭露头角，但在写《出击！》时，我觉得 YouTube 的竞争对手维得乐[①]有一个标签系统和管理团队，对我和我的内容来说是最佳平台，用 2007 年的标准来说，我的内容太长了。此外，我承认，一个短期的经济决策左右了我：这家公司给了我大量商业股权[*]。我确信我对这个平台的拥护、向大众推广的能

---

① 维得乐（Viddler）是一个在线互动视频平台，用户可以上传、观看、标记并评论视频，但已接近被淘汰。

* 看到没？我告诉你不要为了短期经济利益牺牲长期成功，都是经验之谈。当我兜兜转转，终于在 2015 年左右成为 YouTube 名人时，我的订阅者只有 4 万左右。想象一下，如果当初我没有被维得乐那个有利可图的提议所诱惑，现在我的粉丝都好几百万了。

力能让它崭露锋芒。我错了。但你知道吗？无所谓，因为无论我在讨论维得乐、YouTube 还是谷歌视频时，对于如何在视频中"出击"，给出的建议都是百分百相同的。

我感觉和其他平台相比，YouTube 是迄今为止在《出击！》模型中创造较多财富和机会的平台。虽然照片墙正在迅速缩小差距，但要建立个人品牌，YouTube 毋庸置疑是最重要的平台。它可以取代电视。越来越多人放弃电视，转而观看 YouTube。在美国，每天的黄金收视时间内，只算手机端的人数，18 到 49 岁之间的人群中访问 YouTube 的比收看任何电视频道的都要多。[1] 这是个坏消息。我知道，本书的读者并不是全都热衷看视频，我也很欣慰还有其他方式可以生动地展现文字、静态影像和音频的美。但是，让我们面对现实吧。总体来说，在过去 30 年间，除了大名鼎鼎的《哈利·波特》系列的作者 J. K. 罗琳和屈指可数的几个作家之外，视频明星的经济收入已经远超其他所有媒介的明星人物了。

YouTube 入门

拜托，就算你觉得自己不是拍视频的料，也至少给平台一个机会吧。很多人都觉得自己不上镜，但拍视频记录又不要求你外表有多迷人、美丽、特别。你看过网上的视频吗？除了美容博主、健美运动员和当红的流行偶像外——换句话说，除了那些靠脸吃饭的行业人员以外——YouTube 上的其他人看起来都特别普通。视频博主各个年纪、各种体型的都有，有长了丑陋肿瘤的，有残疾的。拍视频不是创作，而是记录的好方法，这说明了基本每个人都能上手，并不要求你特别有才艺（至少不是本书 99% 的读者定义的那种才艺），才能在 YouTube 成名。记住，当你在记录，而非创作时，你可以现学现用。你（暂时）不需要成为一个专家，（暂时）不需要特别成功。你唯一真正需要做的是让迪往成功的过程变得有趣起来。

听着，有趣是主观的。你知道我觉得看什么最有趣吗？提高车库销量的视频。但我并不是唯一觉得它有趣的。写到这里时，我快速地搜索了一下 YouTube，车库销售主题下的视频浏览量高达 5 万、9.9 万和 13.7 万次。永远不要自己妄下论断，觉得关于自己或自己喜欢的东西的视频无法吸引到其他人。让市场来决定。相信我，它会如实呈现的。

视频博客是一个强大的均衡器，YouTube 则是视频博客的母舰。在这个平台上，就算没人看好，你也可以成功。这是一个找到自己最佳角度的工具，当然，我指的不是相机角度。如果你兴趣广泛，不确定自己最精通什么技能，也不知道自己有没有魅力吸引人们关注你的 YouTube 品牌，或是纯粹决定不了要当全美头号睡衣品牌，还是康普茶①权威专家，那就拿起手机吧，开始记录你的一天。每天把你的成片发上 YouTube，看看哪条视频得到的关注最

---

①　康普茶（Kombucha）不是普通的茶，而是用活性培养物发酵的一种生物活性酵物，是在红茶中加入糖和红茶酵母菌经发酵而成的天然饮品。

多，花工夫弄明白它为什么受欢迎。但你必须放出试样，才能知道自己揣摩得对不对。我没有琢磨过要不要创建"酒库"频道，自己够不够好，能否吸引 YouTube 观众。我一想到录红酒测评是个好主意，就让一个员工去百思门店选购相机了。我录了第一个视频，发到了网上。第一个视频看起来、听起来都和我四个月后的作品截然不同，因为我想通了，我要做真实的自己。如果我犹豫不决，那不是因为我畏惧他人的看法，而是因为我担心一旦放开自我，就会危及红酒商店好不容易和长期客户建立的合作关系，他们每个月从我这里购入价值 1 万美元的红酒。如果你回看第一集视频，你会几乎认不出我来。不是因为我比现在年轻了十岁，重了十五磅，而是因为我的个性太沉闷了。我会操着红酒专家的语气："一闻这个味道，我就想起了克里奈酒庄①的经典葡萄酒或老色丹庄园②的葡萄酒"或"我可不会推销帕图斯③"。随后在第 11 集中，你就会发现我身后的墙上挂着穆罕默德·阿里和乔·弗雷泽在 1971 年世纪之战中搏斗的镶框黑白照。这可能是我第一次展现出真实的自我，一个热爱拳击的我出现在了屏幕上。

在第 40 集中，我开始谈及快乐和激情。我剪了一节 2006 年美

---

① 克里奈酒庄（Chateau Clinet）坐落于法国波尔多波美侯（Pomerol）产区著名的高原之巅，是该产区最负盛名的酒庄之一。

② 老色丹酒庄（Vieux Chateau Certan）是所有波美侯产区的酒庄中最古老的酒庄之一。

③ 帕图斯（Pétrus）是整个波尔多（Bordeaux）地区价格最高的葡萄酒之一，被认为是红酒世界中的殿堂级作品，是千千万万葡萄酒爱好者最为神往的顶级红酒。

国橄榄球联盟选秀节目的片段，镜头拍到我、朋友们和弟弟 A. J. 激动难抑、疯狂尖叫的画面，当时纽约喷气机队正宣布要放弃马特·莱纳特，转选弗吉尼亚大学进攻性极强的铲球手布里克卡肖·弗格森。我开始展现自己的其他几面，正如我在这集结尾所说："你的激情不能只放在红酒上。"大约就是这个时候，我开始意识到世界在瞬息万变，这个频道有潜力成为比我预料的更大的平台，用那牺牲一点红酒的短期利益，来换取坚持自我的长期价值，还是值得的。

到了第 57 集，我在视频里冲政府竖了个中指，第 58 集的标题更真实了——"我不生气"，我告诉大家我回绝了两个网络机会，一个是旅游类的，一个是饮食和红酒类的，因为我不看好电视的前景。别忘了，我的视频可是红酒秀！我变得更有活力，更有话语权，也更直接了。我的自信随之彰显在我的台词里："我们是红酒行业最棒的营销人员，不需要博客也能销售红酒。"我开始时不时在个人独白里蹦出几句像明亮的石榴籽儿一样的有色短语，如"扯淡"，"品品这该死的红酒！"。到了第 61 集的时候，我开始鼓励人们给我发邮件，因为从邮件的数量可以看出我触及了观众的内心，让他们感到兴奋和有趣。我的片头也不再那么像《名著剧场》①，而是更有"世界摔角娱乐"②的风范了。

---

① 《名著剧场》（*Masterpiece Theatre*），指介绍名著的纪录片。
② 世界摔角娱乐（World Wrestling Entertainment）是一家世界级的体育娱乐（职业摔角）和媒体整合型上市公司，营业收入来源除了职业摔角比赛外，还包含电影、音乐、版权、行销等相关产业。

正如你所见，酒库频道的推送、质量和内容都会随时间而改变。我给这个节目时间让它去发展，给自己时间去适应和融入总体安排中，给自己时间去了解自己的观众，听听他们在说什么。有人指出，在质量和内容方面，我的第一个视频比有些人的第 100 集视频还要好。话说回来，质量也许也是主观的。有些人虽然是彻头彻尾的笨蛋，但是很成功，因为观众喜欢看他们犯傻。当然，我的思维很清晰，你也看得出我是个正常人。那确实是个好的开始，但别忘了，我当时根本不知道自己擅长拍视频。如果我想着要办一个红酒节目，然后就开始担忧，再三怀疑自己，我很可能已经找到一百个理由放弃了。谢天谢地，我什么都没多想，就跟着直觉走了。YouTube 不会让你变得幽默、魅力四射，如果你是这样的人，它就会如实展现出来。但如果你不经营 YouTube，它也不会经营你。给自己一年时间去调整，尝试不同的方法，看能得到什么回应。要听从你的观众。最后，一切都可以归结为：不要让追求完美成为你的敌人。不要成为又一个做白日梦的人，才上传十个视频，一看到有恶评、没人看、被人打击，就荒废频道。看在上帝的分上，给自己一个成功的机会吧。

所有在电视上播报的都能搬运到 YouTube 上。你可以脱颖而出，成为流行明星、电影制作人，成为下一个促销节目代言人比利·梅斯①。你想成为一个早间电视明星吗？在 YouTube 上开一个

---

① 比利·梅斯（Billy Mays）是著名的电视导购员，2009 年去世。

早间电视节目。你想成为下一个德鲁医生[①]？那就开一个问答节目。你想成为下一个瑞秋·雷[②]、奥普拉、塔维斯·斯迈利或克里斯·哈德维克[③]？那就开始烹饪、指导、采访或在 YouTube 上谈论流行文化。就明天吧。

是的，如今你要成名，相比 2011 年就开始的，会更难些。当时的创作者少，看客多。但如果你真的聪明幽默，有天赋，有创造力，你会胜出的。这可能比 2011 年要多花几个月甚至几年，但你一定会成功的。

采用"记录而非创作"的方法意味着，可想而知地，你要一股脑把大量无聊内容，倒进本就充斥了无聊内容的乌烟瘴气的 YouTube 中去。

但无所谓。

你知道为什么吗？

因为如果最后大家都说你的内容很无聊，你就知道你不适合这个题材，可以换个角度了。

也有可能因为观看了你的两百集纱线视频中第 94 集的六个观众中有一个给你发来了邮件，而他正好是你最喜欢的纱线公司的执

[①]　德鲁医生（Drew Pinsky），董事会认证的内科医生和成瘾医学专家，负责接听听众的电话，就各种话题与专家交谈。

[②]　瑞秋·雷（Racheal Ray）是美国电视烹饪女王，具有极多的观众拥趸，代表作品有《40 美元一天》和《美食 30 分》。

[③]　克里斯·哈德维克（Chris Hardwick），《闲话行尸》（*Talking Dead*）的主持人。

行总裁，他说如果你感兴趣的话，他很乐意和你成为同事。你觉得你永远都不可能成为 PBS 电视网的明星，于是给他打电话，达成了协议，让你为公司网站创作教学视频。他们是一家大公司，每集浏览量可达 400 次，你就可以通过这个平台建立自己的品牌了。他们也足够强大，可以出高薪请你去做你热爱的事。

也有可能因为你发现，即使大众对你的工艺啤酒视频不感兴趣，但相比之前当一个软件开发员，现在做的事让你觉得更开心。于是你联系了英格灵①，主动要为他们的员工制作教学训练视频，他们欣然接纳了，并开出五位数的高薪。这份薪水和你之前赚的相差无几，但你每周日都开开心心地入睡，兴奋地期待着第二天的工作。

你成为百万富翁了吗？没有。但尝试的人中，只有很少一部分做得到。这倒是无关紧要。重要的是要胸怀大志，一旦发现自己的潜力所在，就要做出必要的实际调整。但是如果你不尝试的话，你永远都不会知道自己的潜力有多大。我向你保证，你一定比自己想象中更具潜力。

几年来，精通技术的早期用户已经在电视上收看 YouTube 了。不用多久，这种方法就会流传开来，下一代人都分辨不出这两者的区别。YouTube 就是电视，电视就是 YouTube。YouTube 是个怪

---

① 中国人知道的美国啤酒，名气最响的大概就是百威（Budweiser）了。百威于 1876 年开始生产，是有百年历史的老牌啤酒，但与英格灵（Yuengling）啤酒相比，百威不过是小弟弟。英格灵啤酒是美国历史最悠久的啤酒，1829 年开始生产，比百威啤酒足足早了近半个世纪。

物。脸书正计划添加更多功能，让自己看起来更像 YouTube。但 YouTube 作为老牌视频平台，十年来抢占了大量市场份额，脸书将不得不玩命竞争。你们很快就会发现，这将是一场恶斗。

情景设想

假设你叫山姆，是亚拉巴马州一名 52 岁的保险销售员。你家的双胞胎刚上大学，只有你和你的老伴，还有两条狗留在家里。孩子们还小的时候，这两条狗就是家里的一员了。即将要掀开人生的新篇章，你感到很兴奋，但同时你知道，要适应一个没有孩子们制造混乱和麻烦，为平淡乏味的生活增添火花和惊喜的家庭也很难。你已经在这家保险公司工作 22 年了。你觉得还有差不多 10 到 15 年就该退休了。你稳定储蓄，理性投资，没什么债务，房贷也差不多还清了。你过得很不错。

只是不错而已。

你最好的朋友给你发了一个视频，名为"你人生接下来 60 年的 6 分钟"（谷歌搜索一下）。

你发现前头还有三四十年在等着你，你希望未来过得不只是"不错"，而是"棒极了"。正好孩子们都独立了，你有比以前多两倍的时间来追求更好的生活。

你开始想起以前那些好玩的爱好和兴趣，自从生活越来越忙碌，肩上的责任越来越重，你就放弃了它们。你一直都很爱跳舞。小时候，你妈妈强迫你去上过交际舞课，让你惊讶的是，你不仅很享受萨尔萨舞、梅伦格舞和摇摆舞的节奏和舞步，还都跳得很好。这项技能是你约会时的加分项——还让你邂逅了你的伴侣。但婚后，你们都放弃了这项爱好。你都六年多没进过健身房了，现在要是跳两下摇摆步，你可能就膝盖发软了。

但万一没事呢？就算膝盖受不了，除了有点可怜，好像还挺……好笑？也许你和老伴可以把这个当作笑料呢。

你向老伴提议：让我们塑造身材，重新开始跳舞吧。为了不半途而废，咱们把整个过程录下来。老伴看你策划得这么起劲，小心地捏了捏腰间的"游泳圈"，拍板同意了。

太好了，你惊奇地发现，虽然六年没去健身房，但你的 YMCA① 会员卡还有效。第一天，上跑步机，还挺顺利的，你感觉很乐观，要开始减肥了。第一个三分钟视频大获全胜！不幸的是，你的肌肉严重发僵，对罕见的体力训练表示抗议，你不得不躺着休息了两天，只能在床上拍了接下来的两个视频，告诉两个粉丝你的近况、你对跳舞的感受和开始这个项目的原因。顺带一提，那两个粉丝是你的孩子。随便啦。

你改变了饮食习惯，坚持去健身，每周上两次舞蹈课。你每天都会拍视频，分享你又喜欢和讨厌了什么，你的饮食建议，在课上学到的内容，还有你觉得观众可能会感兴趣的东西。一个月

---

① YMCA（Young Men's Christian Association），基督教青年会，主要培养基督教的伦理观念，其旨趣为提倡满足个人生活兴趣的需要，于生活中付诸实行，增进个人身心健康。

后，你有了四个订阅者。你确定新增的两个粉丝是孩子的室友。随便啦。

已经半年了，你和老伴继续着自我提升之旅，结果令人惊奇。两人中，你减掉了 12 磅，共同学习新事物的经历重燃了你们婚姻中消逝的火花。你过得非常开心，在视频里看得出来。现在你不知道那些订阅者都是谁，但在回复评论时，你发现至少好几个是孩子的室友家里年长的亲戚。

最后你鼓起勇气，报名参加了当地新手级别的舞蹈比赛。你没有拿第一，但你一点也不觉得尴尬。在第 489 集视频中，你开了六个小时的车去参加一个州级比赛，领了一个新手铜牌回家。接下来的视频记录了你夺冠之旅，也记录了你的婚姻从相敬如宾到热情似火的转变。

日子过得越来越精彩了。你训练了两年，也拍了两年的视频，吸引了成千上万人的关注。你对老年健身的坚持，对这种通常与年轻和苗条联系起来的美丽的艺术形式的执着，深深地鼓舞了他们。尽管你和老伴籍籍无名，他们还是喜欢看你们的视频。你的粉丝帮你挑选服装，给你健身建议，和你交流舞蹈故事。但你发现他们既喜欢讨论你的爱好，也喜欢讨论自己重振人际关系的策略。随着你的观众越来越多，你必须去见见其中一些粉丝。你感到十分震惊，他们见到你真人时特别开心，急切地摆好姿势和你合影，仿佛你是某个电视明星一样。你的粉丝够多了，你觉得你可以去联系 YouTube 其他舞蹈频道，问他们有没有兴趣向你的主页提交内容和做采访。舞蹈学校、舞蹈老师、《舞林争霸》① 和《与星共舞》② 的粉丝页、舞蹈装备品牌、舞蹈会议和舞蹈比赛开始联系你，问你他们能不能在你的节目上推广品牌或露露脸。你开始收到来自健身器材公司、剧院和运动饮料的赞助提议。白天你销售保险，深夜和黎明你的搭档负责剪辑视频，你则参与业务开发。周末你就去跳舞。总体来说，你很享受这种生活。

山姆，这个项目已经进行六年了，你今年 58 岁，收入翻了近一倍，跟舞蹈、健康的生活方式和个人发展相关的品牌带来了额外的补贴。你觉得再过一两年，等自己赚得足够多，还清了孩子们的学校债务后，就可以退休，不卖保险了。但你没想过不拍视频，尽管保持目前的大好势头需要耗费很多精力。这次人生转变一点都不容易，但充满了无限乐趣。

这个故事是我编的，但并不是空想。你做得到的，你的父母也做得到。该死的，甚至你的祖父母都可以。这是一个可以复制到现实生活中的场景。实际上，已经有人实现过了。

YouTube 最佳案例

如果你想让人们多花时间观看你频道上的每一个视频，请确定自己能回答如下问题。

---

① 《舞林争霸》（*So You Think You Can Dance*）是美国最大型的舞蹈选秀节目。
② 《与星共舞》（*Dancing With The Stars*）是英国 BBC 播放的话题节目《舞动奇迹》的韩版。

视频优化

标题：你认真地思考过怎么取视频标题吗？标题是否准确反映了视频的内容？手机端的标题是否大部分可见？标题是否精简而感情真挚，是否优化过关键词？

描述：前两行描述关键词是否进行了优化？描述中是否有转向其他类似视频或播放列表的链接？有订阅链接吗？是否有转向其他社交媒体账户的链接？所有的链接都可以点击和追踪吗？

标签：描述中是否至少有十个标签？包括单字和短语标签？标签是否准确反映了视频的内容？这些标签有价值吗，也即搜索量高，但竞争性低？你可以通过使用诸如 VidIQ、Google Adwords Keyword Planner 和 Keywordtool. io 等工具来确认这一点。

缩略图：缩略图是否准确反映了视频的内容？假如缩略图上有文本，是否所有设备可读？是否与标题形成互补？

YouTube 卡片：为了延长人们在你频道的收看时间，你是否在视频中添加了 YouTube 卡片，带动其他相关视频的流量？

频道优化

横幅：横幅是否准确反映了频道的内容和类型？图片是否能完好传输到所有设备上？

小节/频道描述：前两行关键词是否进行了优化？第一段是否概述频道？包括上传时间表吗？所有的社交媒体链接都可以点击吗（不需可追踪）？

播放列表：频道是否有自定义播放列表？播放列表是否优化过关键字的描述？播放列表是否出现在频道的登录页上？

频道预告片：登录页上是否显示了频道预告片？频道预告片是否准确反映了频道的内容和类型？频道预告片是否在最短的时间内讲述了最好的故事？

我如何全力出击

丹尼尔·马克姆，切割狂魔
IG：@WHATSINSIDE

要说是一个科学项目把丹尼尔·马克姆从一个医药销售代表，变成了周游世界、整天想着把东西切成两半的父子档，实在合适不过了。数十年的测试、试验和人生经验让他和他的儿子"一夜成名"。

在成长的过程中，丹尼尔一直都想创业，但大学一毕业，他就成家了。他拿的是国际商业与金融学位，却申请到了医药销售代表的职位。这份工作待遇不错，但多年来他一直在尝试建立网站，涉足其他副业，用他的话来说，就是"一败涂地的练手小生意"，他希望其中一个能成功，让他辞掉这份铁饭碗。YouTube 刚出现时，他上传了孩子和妻子的视频，和不住在犹他州的其他亲人分享。他一直都用谷歌广告联盟变现网站流量，投放一些弹窗广告，他也在 YouTube 上投放了，但没有赚到钱，没人看他的视频。

　　有一天，他的儿子林肯找他帮忙做二年级的科学项目。任务是：请自行选择一个问题，并回答这个问题。前一年他问的是"为什么人类会有鼻屎？"，并在海报展板上粘了个大鼻子，里面塞满了绿色的黏液。今年他想知道为什么人类会有耳屎，但丹尼尔觉得这两个问题大同小异。因此思考过后，林肯决定，既然自己喜欢运动，那就看看一个体育用球里面有什么吧。在爸爸的帮助下，他开始把球切成两半，进行自己的项目。丹尼尔决定把这个过程拍摄下来，发到其中的一个 YouTube 频道上，为了方便辨认，他把那个频道更名为林肯·马克姆。这么做是为了林肯完成展示后，可以把频道名字告诉他的老师和同学，这样他们就可以自行搜索观看了。这时，丹尼尔已经从 80 个左右的视频里赚钱了，包括前一年的鼻屎视频，他在标题和标签上耍了点小花样，让它们更具吸引力。他把这个视频添加到了其中。当时是 2014 年的 1 月。

　　过了差不多一年，在 2014 年 12 月的一个冬日，丹尼尔收到了一个 AdSense 通知，说他赚了 4 美元。他看了一下分析数据，不是网站的流量。他又看了一下 YouTube。有人在收看，这个人数足够产生收入了。YouTube 莫名其妙地决定推荐他的视频了，也开始向收看棒球视频的网友推送他的视频。人们纷纷点进去观看，有人发布评论，向林肯建议切开其他类型的体育用球。"也许时机到了。"丹尼尔心想。他让林肯看了频道，问他愿不愿意拍更多视频。他们决定说干就干。

　　他们把其他视频藏在频道里，改名为"切割狂魔"（What's

Inside?)，就开始了各种切割试验。他们每周六都要花四五个小时，用丹尼尔的手机录下他们切割各种球类的视频，丹尼尔再把视频上传到平台上。他们了解了更多 YouTube 的算法原理，便继续每周六的摄影，就连在旅程途中也不停歇，但他们每周只发布一个视频。丹尼尔自学了 Final Cut Pro①，增强了视频的故事性元素，从此他制作的视频内容也更精彩了。举个例子，要切割橄榄球时，他们便在片头插入他们抛玩橄榄球的镜头。通过参加各种视频大会，与其他 YouTube 达人社交，他们也学到了更多。正是在其中一个活动——第一场 CVX 直播——丹尼尔听冒险和极限运动摄影师德文·格雷厄姆（DevinSuperTramp）说他在 YouTube 赚的钱有 10% 来自 AdSense，20% 来自授权内容，70% 来自赞助视频。"我大吃一惊，心想'我的天哪，还能从想要卖广告的品牌那里赚钱？'我还没听说过呢。"

2015 年夏天，丹尼尔达成了第一单品牌交易，在一个叫 FameBit 的网站上做推广。这是一个营销网站，品牌在该网站上发布广告，聘请有创意的人来推广他们的产品。丹尼尔切开了一个魔方，赚了 250 美元左右，随后切开了一张床垫，赚了 1 000 美元。"我想，我们可算是熬出头了，切一张床垫就赚 1 000 美元！"

几个月后，他遇见了肖恩·"肖都拉斯"·麦克布莱德（见第 181 页）。肖恩告诉他，他们频道的订阅者有近百万个，有了这

---

① Final Cut Pro 是苹果公司开发的一款专业视频非线性编辑软件。

样的影响力，他们应该向那些开展网红营销活动的广告公司推销自己才对。"说回我的全职工作。我白天要销售药物，在八个州之间来回跑。晚上待在酒店里，我就开始查找那些在全美最大的视频大会 VidCon① 上发表过演讲的人。谁看起来像是广告公司的，我就谷歌搜索一下，找出他们工作的公司，要么发电子邮件，要么在'联系我们'页面联系他们。"

其中一家公司回应了。丹尼尔解释说如果他们在寻求品牌创意的话，他和林肯很愿意为他们服务。"'我们是亲子搭档，专门切割东西的。这就是个刺激的拆解频道。'他们说：'行，那你们签保密协议，我们谈谈。'"原来这家公司属于比尔·盖茨和梅琳达·盖茨。他们选中了"切割狂魔"和其他几个 YouTube 品牌来宣传他们的年度公开信，在信中，他们陈述了对当今世界问题的立场，鼓励人们为世界作出积极的改变而努力。当年年度公开信的主题为"我们希望拥有的两种超能力"。

丹尼尔出生在菲律宾，会说塔加洛语，曾在那里担任过两年的摩门教（LDS）传教士。他希望自己的超能力是为发展中国家带来干净的饮用水。他想把林肯带到菲律宾去，让他看看为什么缺乏饮用水是一个如此严峻的问题。

这是他们首单"大品牌"交易，意义非凡。"我们必须继续忙活，寻找我们看好的、想要与之合作的、对我们频道有利的品牌。

---

① VidCon（VedioConference），全球规模最大的内容创作者交流会。

我们不想和一个我们自己都不支持的品牌结盟。"这意味着有时需要谢绝一些报酬极其丰厚的提议。丹尼尔为林肯懂得给他讲道理而感到自豪，因为他差点被一家只为让他们切开一个玩具，就开出了 3 万到 5 万美元的广告公司说服了。这是个问题。

这个主意也不算非常有趣。如果我们切开玩具，人们会想，我们为什么要看这个？但老实说，我真打定主意要做了。我告诉了林肯，我有点担心，但这可是好大一笔钱，相当于我那份全职年薪的四分之一。但林肯说："不，爸爸，绝对不行。要是这么做，我们就真自降身价了。"他一说出口，我就清醒了："你说得太对了。"当时他才 10 岁。

他们没有接下这一单，而是发布了一个别的视频，他们确定观众一定会失望的，因为他们切开了一条响尾蛇的响环。大约三个月前，他们专程前往凤凰动物园拍了一段视频作为片头的一部分，但他们从未发布过这段视频，因为丹尼尔研究后发现，响尾蛇的响环鼓里面根本没有任何东西，整个视频就弄得雷声大雨点小。但那一周他们都在度假，没有拍别的视频，因此他们决定剪辑一下片尾，把旅程的片段放上去，即使他们早就厌倦了这次自驾游。那是一个周六的晚上，丹尼尔花了差不多七个小时剪辑视频，次日清晨上传完视频，没一会儿就出发去教堂了。

这个视频成了 YouTube 在 2016 年度排名第三的热门视频，前七天的浏览量就高达 4 200 万次。一批新观众到来了，许多人比丹尼尔和林肯之前吸引到的粉丝要年长很多，其中包括在广告公司和各大品牌工作的人。现在，丹尼尔不再需要为了寻找出名的营销人员而熬到凌晨三点，他们会毛遂自荐。

2010 年 7 月，丹尼尔辞掉了他的销售工作。

> 我这一代人根本不懂社交媒体。更别提我的父母了，他们年纪更大。要是跟他们说，我要辞掉那份成就了今天的我的长期铁饭碗，去拍什么 YouTube 视频，他们肯定会很害怕，哪怕我把粉丝数量告诉他们。这种谈话会很艰难，因为你不想让他们失望，也不想让他们担心。

他的妻子一直都很支持他，她也热爱自己那份全球 100 强公司的全职工作，但她辞职了，因为很明显，如果家里的两个大人都长时间紧张地工作，家庭生活的平衡就很难维持，而这对他们来说非常重要。那林肯呢？林肯依然和爸爸拍视频，但他也上学，打高尔夫，和朋友、姐姐们出门玩儿，就像正常的男孩一样。虽然一家子都在经营着家庭频道，但丹尼尔坚持要保护儿子和女儿们的童年。他一直都以一种端正的态度来看待整个家庭正在经历的这段奇幻之旅。

> 我想让林肯觉得他还是个孩子，而不是好像在干一份全职

工作似的。就算我盯着一堆有 20 大件的东西，想着现在能把它们切开就太及时，太棒了，但我不会这么做的，因为我想今天林肯放学回家后，可以和朋友们出去玩。这是一种很难保持的平衡。

运动品牌耐克发邮件给我说："我们想让林肯在本次竞选活动中成为全球顶尖网红之一。"不管林肯是不是全球顶尖网红——我也花了好长时间在想他是不是——重点是，耐克觉得他是，而这个烙印将跟随他的一生。我已经够努力了，不断地谈判、争取品牌交易，那天快结束时，我想，要去见比尔·盖茨，制作第一个像样的视频……就别管钱了。这将会作为我们一家人创作的纪念流传下去，即使明天 YouTube 就消失了，至少我们曾拥有过这些奇妙的人生经历。

你永远都不知道生活会给你带来什么惊喜。但如果你不坚持努力工作，不尝试新事物，肯定什么都不会发生。我从来都没想过我会切割各种各样的东西，但如果过去这些年我没有尝试过其他事物，也不曾吃过苦头，我肯定不会成功。

丹尼尔·马克姆和他的家人都是专业从业人员。他们做研究，留心所有的小细节，忠于自己的品牌。我很高兴看到这家人如此成功，因为他们专心投入工作——并严格执行。

十二 ｜ 脸书（Facebook）

（参考中文平台：微信、QQ）

脸书仍是社交媒体博弈的主宰，一个在建立个人品牌和创造财富上媲美 YouTube 的平台。这可能会让一些读者感到意外。脸书常被看作一个老掉牙的平台，婴儿潮一代①和 X 世代②在上面分享自己的家庭照，填写调查问卷，看自己最像《权力的游戏》中的哪个角色，它不是年轻人会投入时间和金钱的地方。但事实并非如此。这是现状：如果你想建立个人品牌，并试图从中获利，你就必须拥有一个脸书页面。它的月活跃用户近 20 亿，[1] 其中一半以上的人数每天都上线，移动端的日活跃用户达 11.5 亿。[2] 如果你在色拉布、YouTube 或照片墙上崭露头角了，却仍然没有一个全面的脸书战略，那么你就极大地限制了自己的潜

---

① 婴儿潮一代（Boomers）特指美国第二次世界大战后的"4664"现象：从 1946 年至 1964 年，这 18 年间婴儿潮人口高达 7 600 万人，这个人群被称为"婴儿潮一代"。

② X 世代（Gen Xers）指出生于 20 世纪 60 年代中期至 70 年代末的一代人。

力和发展。

脸书入门

这有几个原因。首先，与其他平台不同，脸书赋予了你天然的灵活性。在 YouTube，文字和照片都发不了。在我撰写此书时，照片墙允许用户主页上出现时长最长为一分钟的视频。在色拉布，长篇文字毫无吸引力可言。但在脸书，一篇博文长达十三段都没问题。你可以添加照片，照样行得通。你要嵌入一个 SoundCloud 音频播放器，可以；发布十三秒的视频，可以；甚至三十一分钟的视频都可以。脸书允许你完完全全地发挥自己的创造力和灵活性，还拥有最强大的广告目标产品。谁都能玩转脸书。如果你还没有玩过脸书，赶紧上去注册你的粉丝页面，因为即使你不是在脸书上创作个人品牌的支柱内容，你在其他平台上发布的内容也会在脸书上流传下去，作为你个人品牌存在的证明。

脸书不仅是一块可以创作原创内容的画布，更是一个重要的传播频道。它的基因在于口碑。这是一个共享文化蓬勃发展的地方。在其他平台，你基本上要么打个大满贯，要么三振出局。但在脸书不会出现这种情况。在这里，每天 61 个分享中，你至少会得到一个。如果你擅长内容创作，指不定哪一天你的分享数量就翻倍到 200 次。你下一条内容的分享数可能会降到 13 次，但紧接着，一些精彩的内容会让你获得 7 000 次分享。每一条内容的分享，不管有多少，你都在以一种本土化的方式建立品牌意识。非要点评的话，脸书是零粉丝的人开创个人品牌的最佳平台。

因为脸书拥有极其细致的目标锁定功能，想识别自己的受众，可以通过兴趣、邮政编码，或他们的老板都行，脸书是个奇妙的地方，预算少点也能玩。这是一个非常有价值的平台，即便是一介无名之辈，推出时尚品牌后，只要 13 美元就能提高自己帖子的热搜，依据选择的目标而定，至少可以获得 2 600 个印象数（每向用户推送一次广告，就会电子记录一次"印象"）。每千印象成本（CPM①，M 代表 mille，拉丁语"千"的意思）随市场上下波动，但与早期的 Google Adwords 相比，印象仍是如今市面上最有效、最廉价的广告产品之一。情况不会一直这么持续下去。本书发布一年半后，脸书的广告价格将会翻倍，甚至更多。趁还有时间，好好利用现在的大好机会，一举提升自己的品牌知名度。

最后，尽管 YouTube 规模很庞大，但等到本书出版时，脸书会成为视频领域的强劲竞争对手。马克·扎克伯格将视频称为与移动端性质相同的"大趋势"，并扬言视频是脸书的未来发展方向。[3] 2016 年，他对嗡嗡喂表示："如果你快进五年，看到人们每天在脸书上浏览和分享的大多数内容都是视频，我一点都不觉得惊讶。"[4] 当脸书下决心要做成一件事，它会全力以赴。脸书对社交媒体格局的影响就像板块的构造性变化（它正准备联手瞄准千禧一代

---

① CPM（Cost Per Mille）：每千人成本。CPM 是一种展示付费广告，只要展示了广告主的广告内容，广告主就为此付费。

用户的媒体，如九组媒体[①]、渡渡鸟[②]的制作人、Vox 媒体[③]，达成协议，出品原创内容)[5]。知道这个消息，却不捷足先登，抓住机会，不就太傻了吗？

你可能会想，我已经拍了 YouTube 的视频，把它发到脸书上不就行了，一石二鸟，干脆利落。没那么简单。脸书的算法总会优先处理脸书本地内容。创作脸书的原创内容，而不回收其他平台的东西，你的影响力会更宽泛。这个视频有没有出色的仿作？开头的前三秒吸引人吗？有没有体现出对脸书用户思维的理解，迎合他们喜欢和家人、朋友分享的心态？它能不能鞭策人们马上行动？视频在脸书还是新鲜事物，这意味着无论你发什么，都比在 YouTube 上有机会获取更快速的关注和更广泛的参与。

当然，这并不是说你不用更新 YouTube 或其他平台了。在脸书多下功夫，不要低估这给你的品牌带来的力量。脸书是第一个集营销、销售、品牌推广于一体的平台，它的月用户数量接近 20 亿，但人们始终低估它所能带来的超高关注度。

脸书进阶

脸书直播。脸书大力投资直播，想给用户一点甜头，让他们沉

---

① 九组媒体（Group Nine Media）是一家数字媒体服务商，致力于为社交移动一代创建新闻内容。

② 渡渡鸟（The DoDo）：在线宠物图片聚合网。

③ Vox Media 是一家新媒体服务商及网络媒体出版商，旗下拥有科技新闻网站 Verge、体育博客 SB Nation 等。

浸在直接与观众实时互动的原始、即时体验之中。它具有很强大的影响力，但请注意，直播视频是最难的艺术形式。除去新闻、体育事件、颁奖仪式和《周六夜现场》①，很少电视节目会直播，就算直播，也是有充分理由的。要想吸引观众，你的技巧要足够高超，这样才能让他们在你需要关注的当下打乱自己的日常节奏（去关注你）。这个请求可比让他们在休闲时间看你艰难多了。然而，这种即时性确实对你很有利。如果你能定格住一个特别的瞬间，与你的粉丝实时分享，这对他们而言也非常特别。问问来自达拉斯的坎迪斯·佩恩②就知道了。

　　没听说过她？也许一说"楚巴卡妈妈"你就知道是谁了。2016年5月19日，佩恩打开脸书直播，想给她的朋友们看看她买给自己的礼物——一个龇牙咧嘴的楚巴卡面具。她太兴奋了，都等不及回家，走进科尔氏百货公司的停车场里，坐在车上就开始直播了。她给帖子取名为"生活中的快乐就是这么简单"。面具很搞笑，但真正吸引了人们关注的是她那为购物而开心、极具感染力的狂笑。也许人们都很疲惫了，都厌烦了即将到来的选举和其他严肃话题的沉重内容。不管什么原因，看过直播的人们都非常喜欢这条帖子，并分享了出去，其他看到的人也一样。2016年12月，这条帖子的

---

　　①　《周六夜现场》（*Saturday Night Live*）开播于1975年，是一档90分钟的娱乐/喜剧秀。

　　②　一个来自美国得克萨斯州的普通妈妈，买了一个《星球大战》Chewbacca的面具——一个在电影里不会说话，只会发出奇怪叫声的经典角色，她戴上面具在脸书上直播，意外走红。

浏览量达到 1.62 亿次，成为脸书年度最受欢迎直播视频。[6]很多人指出，大多数人都不是看直播，而是后来才看视频的，但直播这种形式还是让铭记那一刻成了可能。如果佩恩觉得她直播是为了孩子，那么她可能会表现得比较做作，把要说的话在脑海中过一遍。但她只是架起手机，放松姿态就开始直播了，让自己的个性像两个塔图因①太阳一样散发出耀眼的光芒。你再也找不到比这更真实的了，人们都笑得前仰后合。没多久，她就成了名人圈里的一员，出现在脱口秀上，得到各大媒体的报道。她收到了科尔氏百货公司价值数千美元的礼品卡和商品的丰厚奖赏，还受邀去脸书见了马克·扎克伯格。[7]生产原创伍基人②面具的孩之宝③公司给她专门定制了一款模型，头是她的，戴着可拆面具，身体是伍基人的。[8]但最酷的是，佩恩利用自己短暂的名气建立了个人品牌，塑造了一个致力于传播希望、欢乐和乐观的积极、虔诚的人。她登上了 TLCme 系列视频，在自己的网站上发了一长串演讲活动的单子。她还签约了好几本书。[9]第一本书叫《笑起来》，于 2017 年 11 月出版。[10]她在一个原创视频中谈到，这本书"献给那些觉得快乐是不值得拥有的无用之物的人"，当时她正要把手稿发给编辑。

坎迪斯·佩恩的故事是梦幻的产物，是无法策划的特殊瞬间。这就是为什么对大多数人我都不推荐脸书直播，除非他们已经完善

---

① 塔图因（Tatooine）是《星球大战》中天行者家族的故乡行星。
② 伍基人（Wookie）是《星球大战》中居住在森林里的巨人，像熊一样，毛发浓密。
③ 孩之宝（Hasbro），美国著名玩具公司。

了制作视频的技巧，在过去几年里声名鹊起，准备进击高阶玩法了。总体来说，这个平台并不适合白手起家，这种体验就有点像第一次踩单车的人蹦上了一辆没有辅助轮的单车。但对那些已经有所准备的人来说，直播可以捕捉到一个无法预见的、万里挑一的瞬间，让你一举成名*。《激情创业者》的创始人约翰·李·杜马斯也赞成这一点。

　　毫无疑问，脸书直播就是下一个潮流。我用过 Wirecast 和 BeLive.tv，都大获成功，有了这些工具，我在电脑前坐下就能上脸书直播，它们还有文本覆盖，吸引人们评论，让你全程参与节目互动。我体会到了另一个层次的参与度、即时性。

　　大家都能看得到，只需要一个小提示："嘿，约翰正在上直播。"我会可爱地押个小韵，"和约翰喝杯茶"（Tea with JLD）。我倒杯茶，打开脸书直播，针对某个话题讨论上五到十分钟，再开始回答问题。上直播可以是三十分钟，也可以是一个小时的嘛，我会得到上百条评论和成千上万的浏览量，还只是直播的实时浏览而已。对于我来说，这就是它现在的地位。脸书直播就是焦点所在。

　　合作。如果你正要创建一个基于笑话、烹饪、单车、极限运

---

　　*　尤其是如果你热爱运动的话。我预测在脸书直播，甚至其他还未面世的直播平台上，一定会捧红一项运动。这将会颠覆我们所知的体育电视转播行业。等着瞧吧。

动、泳衣——什么都好——的品牌，上脸书应用的顶部，搜索和你的事业相关的词语，找到粉丝最多的主页，私信他们，向他们提出诱人的提议，让他们觉得在自己的平台上分享你的原创内容，或以其他方式与你合作是值得的。举个例子，如果你是个摩托车手，发了一条热门帖子，说一顶摩托车头盔救了你一命，你最好花几个小时联系每一个受欢迎的摩托车粉丝页面，提议他们把精彩有趣的头盔公益广告分享到主页上。在脸书上合作是一项潜力巨大的战略性举措，可以快速建立你的粉丝群。

情景设想

假设你是一个刚刚离婚的 42 岁房地产中介，名叫萨利，住在加州萨克拉门托。外头买卖房产的人那么多，你要如何脱颖而出？

你可以先从创作一条支柱内容开始。在这种情况下，你的理想支柱内容会是每周一更的音频播客，人们开车在镇上闲逛，打量社区的时候可以收听。两周一更、每月一更也行，总好过什么都不干。但你懂的，你制作的内容越多，创造的机会就越多（继续看下去，你会发现脸书就是整本书的宝藏）。

你的播客探索了萨克拉门托及其周边地区日常生活的点点滴滴，奠定了自己作为这座城市"虚拟内容市长"的地位。当地居民调到你的频道，听你解说他们热爱的城市。这一天你可能会回味餐馆和当地菜肴，那一天你会深入了解城市的历史，改天你会采访当地的网红。从那时起，每当有人想更了解萨克拉门托或它的未来发展，每个人都会想起你，你就是那个可以联系的人，因为你已经表达得一清二楚，没人比你更了解这座城市，也没人比你更爱它了。

萨克拉门托的人、地方、事物让它变成了一个独特而充满活力的宜居城市，在讲述它们的故事时，你要在每个播客中做笔记，并突出细节，将其转化为辅助性内容。例如，如果你采访了学区的负责人，他提到有五位老师最近获得了著名的国家级奖项，这不就又是另一条素材了嘛。找到这五位老师，给他们照个相，发一条脸书帖子问道："你知道吗？萨克拉门托学区有五位老师教学成就卓越，受到了国家级的嘉奖。"你添加了一条链接，可以看到你对学区负责人的播客访谈。越来越多萨克拉门托人知道你是谁，并经常收听你的频道。当有人发现他的朋友因为妻子工作调动，一家子都要搬来镇上时，他就会转发这条播客链接给他们，让他们多了解学区。一个需要买房子的家庭突然对你有所耳闻，手头上也有你的联系方式。这样循环往复，不出五年，你就会成为萨克拉门托著名的头号房地产专家，你的新业务几乎都是通过转介达成的。

然后你再创作更多内容。去你在播客里谈过的那些地方，录段视频，拍些照片，再发布到脸书上。将播客链接到图片上，这样非本地人就算足不出户，也能在网上看到当地的景色。

现在，你才刚踏入业内，只有 12 个粉丝，几乎全都是家人，谁会去看你的内容？因为在脸书，每一笔广告预算总能花到实处，所以很多人都定下了空前的高目标。你可能花 50 美元就能接触到一万个萨克拉门托的脸书用户，上到 72 岁，下到 25 岁。脸书的细节和目标定位能力一直在调整，你可以谷歌搜索"如何刊登脸书广告"，获取最新的价格和案例。当人们开始评论你的页面或内容时，你要单独回复每一条（请读《感谢经济学》[The Thank You Economy]）。在还没有收获粉丝的时候，你要抓住每一个机会和对你感兴趣的人互动。不然你就是脑子锈掉了。我需要强调这一点，说明很多人都无礼又懒惰。

对于房地产中介来说，播客是最好的支柱平台。如果你不喜欢用播客，而你文笔又特别好，那就每周更新你的博客"这周在萨克拉门托"，让它成为你的支柱内容。你可以在上面以书面形式分享我所建议的播客内容，再加上本地的房地产新闻。现在你不仅是这座城市的虚拟内容市长，还是它的报纸呢。

你写一篇介绍镇上最古老的甜甜圈商店的文章。店主说隔壁要建沃尔玛新店了，他很兴奋。你把这篇文章发出去，再画一张素描（或花 20 美元请别人代笔），点出甜甜圈商店所在的角落，配上一个大大的沃尔玛标志。你把这张引人注目的画也发到了脸书推送上。令人惊讶的是，当这张图出现在人们的推送页面时，关注这家商店或萨克拉门托的人都会停下来，仔细地观察一番。他们会点开你的博客帖子里的链接，进一步了解你是谁，你是干什么的。

作为一个房地产中介，你的支柱内容也可以是像我的《每日维》一样的真人秀。雇一个实习或专业的摄影师，让他在你展示家里、开会、洽谈交易、和同事互动、观看儿子的棒球比赛或逛超市的时候跟拍。基本上，这就像是每天为你居住、工作的这座城市拍摄一封情书（有必要的话，有时是投诉信），以真人秀明星的风格与你的观众分享这份爱。

等你熟悉了视频，冲吧，你可以试试脸书直播了。每周四晚八点到九点，你都坐在相机前，准备回答萨克拉门托当地人或想要搬来的外地人关于社区里的所有人和地方，例如房地产市场、邻居、学校、医生、文身店等的任何问题。人们喜欢收看你的节目，你也可以传播你的知识，帮助人们建立个人品牌。皆大欢喜。

你把所有视频都发到脸书上，再从中提取上百个小视频，比如如何协商合同，参观房子时应该观察什么，第一次卖房子有何家居布置技巧。

当你忙于在脸书上发布原创内容时，别忘了多参加脸书社区。你要参加房地产中介的全国性社区，当然，还有萨克拉门托的妈妈群组，但不要在上面卖东西，因为你明白，在付出双倍努力，甚至付出比自己期望得到的更多之前，都不要索取任何东西*。你是一个妈妈，或者你想当妈妈，或者你有侄子侄女，想要为他们而多了解如何开导人，于是加入了妈妈群组。如果你要养活整个家，那么就加入其他以家庭为主导的群组。如果你打高尔夫球，那么就加入高尔夫群组。如果你喜欢精灵宝可梦 Go，那么就加入萨克拉门托的精灵宝可梦 Go 群组。参与到这座城市中各种轻松的活动中去吧。

＊　这是一个关键点，我在另一本书《引诱，引诱，引诱，出击！》（*Jab，Jab，Jab，Right Hook*）中详细阐述过。如果你还不明白引诱和出击的细微差别，趁你没表现得像个混球一样，赶紧弄一本看看吧。

如果你疯狂地互动，恰当地建立个人品牌，大家就会知道你是一个房地产经纪人，但他们不会躲你，因为他们首先认识到的是你人性化的一面，就像亲自和你见了一面一样。等你在这些群组中有了名气，群组成员就会查看你的脸书商业页面，他们要买卖房子的时候就会联系你了。

这个策略的工作量听起来要比在一座漂亮的房子前摆姿势，举着一个"此屋出售"标志大得多，对吧？但也更有趣。你觉得哪一个策略会吸引到更多顾客的关注和忠诚度呢？你自有答案。

我如何全力出击

布里特妮·卡斯特罗，精明理财的女人
IG：@BRITTNEYCASTRO

布里特妮·卡斯特罗正要创建个人理财品牌，但在这种领域中，每到关键时刻，你总要受挫。她原本想成为一名活动策划人，因为她喜欢与人交往和共事。数学对她来说一直都易如反掌，但她觉得理财是一份枯燥无聊的职业。但当她收到了一份财务顾问的工作邀约时，她的职业顾问建议说，这两个领域的共同点比她想象中的要多，同样都是帮助人们，不去试试的话，她永远都下不了定论。于是她去了一家大型公司工作，在那里她连续五年每周工作60到70个小时。她的顾问说的没错，她确实喜欢这份工作。但她不喜欢公司的环境和压力。"这种生活方式的许多方面并不符合我的

本性。总是要伪装自己，我感到很难受。我想，这是因为走一条别人让你走的人生道路产生了内在的压力，我发现这条路并不能让我过得开心。"

2008 年经济大萧条时，她开始阅读个人发展类的书籍。如果她生活中的大部分时间都在工作，她想，最好还是做些自己喜欢做的事情。同时，她注意到，女性开始开设美容、化妆和时尚的 YouTube 频道。"我想，哇哦，这看起来非常有趣。"

她意识到自己想留在金融行业——"我只是需要更多自由，以一种对我来说真实的方式去做这件事"。她发觉自己有成为下一个苏茜·奥曼①的潜力。

> 她很厉害，但她针对的是年长人群。我是个女人，从事金融行业，这样的人并不多——我很年轻，还有一半的西班牙裔血统，我最好把这一票干起来！但这需要一个过程，因为很长一段时间，尤其是在金融和法律领域，总有人告诉你："不，你不行，你不行，你不行。"所以这就像脱壳而出，学会找到你自己的声音，学会在网上展现真实而专业的自己。我花了许多年的时间才把握到这个舒适度。

自诩为"商业书呆"的她定期看营销和品牌的书籍来提升自

---

① 苏茜·奥曼（Suze Orman），美国最有影响力的个人理财顾问之一。

己。她读《出击！》的那段时间正好跳槽到了一家独立的公司，有了更多的自由来创建个人品牌。2011 年，她注册了博客、脸书页面、YouTube 频道和推特账户。"我不得不和他们解释，这和去讲习班是一回事，都是在教理财。唯一的不同是，这是在 YouTube 频道上发布视频，只是把线下的东西搬到线上而已。"但她还是得事先审核每一条推文和文案。然而，"这虽然让我有点头疼，却教会了我如何考虑周到、目标分明，而不只是为了更新而随便上传点东西"。

两年半后，布里特妮离开了那家公司，开始打造针对三四十岁的女性和夫妇的个人品牌"精明理财的女人"。

不是每个人都为她喝彩，但她不在乎。事实上，她的同侪越不赞成，她心里就越清楚自己走的路是正确的。比方说，2015 年，她在 YouTube 上发布了一段金融说唱视频。

很多理财顾问给我发邮件或评论说："这太不专业了"，或"你在利用你的金融规划师这个身份，这多少不合适"。我确实想要得到尊重，得到认可，但每当收到这样的反馈，我就想："太好了！这就是我想要得到的反馈，因为视频又不是做给你们看的。你是威斯康星州的一个白人老伙计。我的视频针对的是喜欢看嗡嗡喂视频的城市青少年。我在以一种有趣好玩的方式教他们理财原则，他们很喜欢。"我认为聆听别人的意见是有道理的，但我必须保持本真，贯彻我对事业和人生的宏图。

如今，在所有能预料的频道上都能看到她。但令人惊讶的是，脸书直播是她的最爱。"我喜欢直播内容。对我来说，打开脸书直播，和人们交流，回答他们的问题很容易。我认为这能给他们带来最大的价值和最真实的体验。"她不仅在自己的脸书群组和社区里开直播，还联合她的品牌伙伴，比如"追逐与创业"，一起直播。她希望有一天能创建一个在线视频直播节目，充分利用她运营的所有社区。

与此同时，虽然有些业内人士对她提出批评，但其他公司的顾问和咨询人员，即使身处企业，如果对如何营销和宣传自己感兴趣的话，也需要向她学习更多的知识。她每年也都接受了几个有偿的演讲邀约。除此之外，她都专心地工作。

实际上，我并不在乎同行的其他人在干些什么，我甚至根本不看，只专心搞好自己的公司和品牌。除非要在大会上讲话，不然我不会和很多理财顾问联系。我把这当成一种策略，因为我刚开公司时，旁人总有质疑，让我感到很疲惫。现在就好多了，因为我不再常常将自己和别人比较、竞争。我只需要做自己。

虽然我不认识布里特妮，但在本书所有的受访者中，在我看来她最给人启发。制药和法律行业的人士总喜欢把矛头指向严格的法规，以此为他们在社交媒体受挫找借口。但你看，有志者，事竟成。布里特妮的成功证明了，你可以一边遵守规则，一边花时间和经历学习如何向你的目标前进，你可以做到无畏地勇往直前。

十三 | 照片墙（Instagram）

（参考中文平台：小红书）

除了 YouTube，照片墙比其他平台捧红的人更多。它规模庞大，无论你是一个内容创作者还是内容管理人，都可以获得成功，从规模和影响力看，它是最热门的社交网络。有些人会说这个平台现在人满为患，想要引起注意就更难了。它如此受欢迎，甚至大学毕业生都不找传统的工作，想等个一两年，看看能不能在照片墙上混出个名堂来。它不像脸书那么灵活，但我预测，很快它就会取消视频时长的限制。虽然它的内容规模和推特一样小，但它的组织架构无疑有益于开展对话。但你可以运用许多很棒的策略来提高知名度，比如推文话题、合作、标签、广告，我相信一个网红，尤其是资深的摄影师、厨师、设计师或其他艺术家，在这里会比在推特、脸书受到更持久的关注。我知道照片墙是 35 岁及以下人群的天堂，但我觉得 36 到 50 岁的群体也开始加入了，因为这个平台比久经考验的脸书更新鲜、更突出，甚至可能让人更开心。此外，照片墙的故事区于 2016 年 8 月推出，它的重要性也随之翻了一番。

到那时，照片墙一直都是一个组织有序的地方。这就是人们如此喜爱它的原因之一。它没有脸书那么两极化和政治化，你可以分享一天中最精彩的时刻。但它也有点问题。事实上，在故事区推出的那一天，照片墙的 CEO 凯文·斯特罗姆[①]在接受 TechCrunch[②]采访时称，他在采访前的六天内都没有更新过照片墙，因为"没有一个时刻足够特别"。[1]同时，色拉布故事区的成功证明了，人们一旦知道那些视频不会保存下来，不会永远困扰他们，就会非常热衷于分享自己生活中的原始片段。所以照片墙也推出了故事区，变成了一个用户在有所感触时可以完全自由创作的地方。人们可以用滤镜拍一张美照，把它当成精致的艺术品一样发布出去，也可以随便发一条内容，像甩出一份以前销售演示的初稿一样。

照片墙故事区发展得很快。色拉布已经打好了所有的基础，让人们接受了内容"阅后即焚"这个概念，因此他们没有什么挣扎适应的过程，这就是各大平台推出新功能的惯常做法。照片墙也把这个功能放在了应用的顶端，用户们根本不可能错过。不到一年时间，照片墙故事区就成了世界上最大平台之一的最热门功能之一，为用户提供了一个充满活力的地方，可以创建内容，补充他们精心策划的照片墙推送。

---

① 凯文·斯特罗姆（Kevin Systrom），毕业于斯坦福大学管理科学与工程系，后在 next stop、Google 等公司任职，于 2010 年 10 月与 Mike-Krieger 创建 Instagram 公司。

② TechCrunch 是全球科技媒体的鼻祖，是硅谷黄金时代创新精神的传播者，其中文版已于 2020 年初终止运营。

照片墙还有许多功能，让它成了初露头角的网红或创业者的一个必要选项。你更新帖子，可以是为了后人，也可以是为了即时的满足感。你可以涂鸦，用滤镜，设置标题、标签。虽然这个功能目前仅对验证账户可用，但你很快就可以在帖子里添加链接了。这个简单的举动可以打开机会的闸门，吸引更多人去看你的其他内容，不论是你的网站、播客还是其他社交网络。

任何想要建立个人品牌的人都应该使用照片墙。要么立马注册账户，要么就等将来后悔吧。

开发业务的七大步骤

1. 尽你所能，确保在照片墙发布的内容都是极具价值的。越来越多人会来看你的作品。

2. 搜索相关的关键词。举个例子，假设你在建立车手品牌，就搜"摩托车"。

3. 点击出现的第一个话题。我写到这里时，关于摩托车的话题已有超过 24 万条帖子了。

4. 点击你在该话题下看到的每一张图片。在本例中出现的头四张图片属于一个拥有总计超过一百万粉丝的照片墙账户。

5. 仔细研究每一个账户和任何一个链接的网站，确定它们属于你这一行的业内人或公司，即使不是，也要咨询一下他们是否可以使用你的服务或产品。

6. 点击页面右上方的三个点，向这些个人或企业私信一条自定义消息。千万不要发些复制粘贴的废话。假设你最好只能做到这样，那你已经输了。

7. 在消息里，你要说明一下他们为什么吸引你（我喜欢你的作品；我一直都很钦佩你；你的模仿真的全天下最有趣；这条帖子真有创意；等等），为什么你值得关注（我的目标是要提高车手的安全性；我设计了一顶头盔，就连最讨厌头盔的车手都愿意戴；我已经创建了网上最新鲜、最刺激的与车手相关的 YouTube 频道），以及你能提供什么价值（我会给你寄一顶我设计的头盔试试；我想邀请你直播，谈谈你的新书；如果你能让我无偿记录你的下一次骑行，我将会非常荣幸；我可以免费派六个车手去拍摄你的视频博客，试穿皮夹克）。

你还可以按位置定位搜索。只需输入城市名称（有时甚至是你的社区），然后单击"地点"或查找热门结果列表中的位置符号。你将看到附近地区所有发帖的人。

每天花六到七个小时搜索、点击、调查、私信。利用好午餐、上厕所、等待孩子上完舞蹈课的时间，甚至可以用上在等微波炉焗好墨西哥玉米卷的二十分钟。

只有一小部分人会做出回应。但你所需要的就这么多。通过每次成功的接触，你都会增强你证明自己值得任何关注的能力，并提高知名度。次数多了，效果会像滚雪球一样，突然有一天你就会成为品牌，人们和企业开始找上门来。

要看实际案例说明，请访问帖子：GaryVee.com/GVBizDev。

情景设想

假设你的名字是里克，你是田纳西州纳什维尔一个 27 岁的服装店经理。你雄心勃勃，还很幸运地在一家不会管束你的社交媒体的公司工作＊。你开始拍摄商店里的所有东西——让我们把这家店称为"前卫"（EnAvant）——和所有顾客，如果他们首肯的话。你拍下正要放在柜子上的上衣、挂上货架的连衣裙、展示出来的鞋子。你拍下穿着男装的自己，为每套服饰加上个人搭配，还拍下你的女同事穿女装的模样。你问顾客，能不能穿着新衣服摆姿势，为他们拍上几张。然后你把每张照片发到自己的照片墙账号上，配上精心构思的相关话题标签。你知道，你塑造个人形象的方式，赋予照片乐趣或创意、展示服装的技巧，对扩大粉丝群至关重要。但是，如果太默默无闻，你是无法建立起粉丝群的。除了让网红提及你、你的产品，花钱买广告，你明白，像你这样白手起家，建立品牌最快捷的方式是熟练运用话题标签。假设现在是春天，你要发一张穿着金丝雀黄雨衣的女士照片，便加上了外套品牌的话题标签：

＊ 我知道，企业管这管那的，太常见了。很多公司就是不明白，让自己的员工在社交媒体上展现真实的自己，符合它们的最佳利益。而把控线上形象最好的方式就是成为一个很棒的品牌，创造一个支持性的工作环境，让员工只能谈论好的一面。除非你在法律或金融行业工作，规章制度有点不同，对于在这些公司工作、业余时间都不能在网上表达自己和创造个人品牌的人，我的建议是：赶紧辞职吧，找一个允许你这么做的公司。更好的是，开发个人业务，就像布里特妮·卡斯特罗那样（详见第 242 页）。

♯前卫服装、♯春季时尚、♯春季穿搭、♯雨衣、♯迎接雨水、♯黄色。随着越来越多人发现你的作品，你早晚会因你的时尚感和"厚颜无耻"的幽默感而出名。

你开始接触住在商店附近的人，但你别用直邮广告，谁有钱花在这个上面？你也别找那些时尚人士和社会人，他们早就出现在了反映当地文化和生活方式的精美杂志上，这些杂志记录了所有地区募捐会和房地产开发的情况。相反，每天午休，你会打开照片墙账户，输入"田纳西州纳什维尔"。这个地区里最热门的帖子弹了出来。你点进几个粉丝最多的帖子，确定他们住在纳什维尔当地或附近。你尤其要看看这些账户里有没有穿着你店里衣服的照片，再私信他们："嗨，我叫里克，是前卫服装店的经理。我好喜欢你的穿搭。来我店里吧，我们很乐意送你一张八折的礼品券。"

等你吃完鸡肉沙拉，你已经和六个住在你的商店附近、对你的产品确实感兴趣的人建立了联系。你每天都重复一遍，一周坚持五天。你每周可以接触 32 个人，其中 7 个会发帖子谈到前卫服装店这个叫里克的家伙联系过自己，对店里的鞋子、上衣、帽子都赞不绝口，还给自己打了折扣。

也许你还可以更成功。你举行一场时装秀，给所有本地网红和那些热爱衣服和服饰的照片墙用户发送直邮广告，邀请他们来参加，这样他们可以看到新品，还可以获得店内购物的七折优惠。你要确保这场活动非常有趣和特别，人们开始发布自己的照片，告诉粉丝他们是在哪里度过这个精彩夜晚的。

接下来会发生：

人们开始在照片墙账户上发布自己的照片，贴上你、这个品牌和商店的标签。竞争者开始找上门来，看你是否有兴趣在他们的商店里施展一次你的魔法。同时，前卫服装店的高层开始注意到你，发现田纳西州有一个极具价值的员工，而她会不惜一切代价来留住你。

或者：

建立起不同凡响的口碑，为那些前来猎奇的客户提供无可挑剔的服务，那么很快，前卫服装店就会成为纳什维尔最热门的新商店之一——你会吸引到全美各地的时尚摄影师和服装设计师的注意。

或者：

你在照片墙帖子中展示的一些品牌会注意到你做的一切，并联系你，看你是否有兴趣帮助它们运营社交媒体。这又是另一场大胜。

或者：

通过分享自己品牌的视觉故事，你收获了极大的乐趣，你决定要全职干这份工作，并发布自己的数字时尚杂志。

你不仅可以通过这种业务开发方式为商店吸引生意，还可以让别人感到开心。任何或所有这些场景都可能发生，并且发生在你的身上，无论你是一个服装店经理还是任何类型的零售商，甚至是餐馆工作人员。一切都取决于激情和正确的执行。

我如何全力出击

布列塔尼·泽维尔，勤俭有道

IG：@THRIFTSANDTHREADS

原本这只是一个爱好，一个用新相机练手的创意方法。2013 年 12 月，布列塔尼·泽维尔创建博客"勤俭有道"（Thrifts and Threads）的时候就是这么想的。虽然学的是政治学专业，但她一直热爱时尚，习惯追随潮流、关注设计师。她的外形既时尚，又土气，穿着淘来的复古成衣，却搭配精选的设计师单品。毕业后，她被几家法学院录取了。但是，考虑到在法学院学习不利于抚养一个蹒跚学步的孩子——她的女儿海顿才三岁——她转而为一家保险销售公司工作，想要保障亲子时光。这份工作可以平衡收支，要求也不算太苛刻。她经常在下午四点前就完成了一天的工作，不得不找活儿干，填补时间，到六点再回家。

她和她搞营销的丈夫安东尼谈恋爱时也经营着副业，比如在折扣店买东西，再转售到亚马逊。婚后他们也继续这么做，这项共同的活动给了他们些许自由感。此外，安东尼在上大学时就培养了网站设计和社交媒体的兴趣，他创建了几个网站。婚后不久，他就买了一部相机。他们本来想着出门可以拍自己和女儿的照片，在博客上记录他们的家庭生活，顺便从联盟推广链接（affiliate links）里赚点儿钱。泽维尔一直对风格和时尚感兴趣，她负责做创意，安东尼负责博客的后台事宜。

泽维尔注册照片墙账号的唯一原因就是要推广博客，吸引流量。她想明白了，她应该看看其他类似账号，学着标记品牌和使用话题标签。半年过去了，她积累了近一万粉丝，每个月从博客的联盟推广链接上能赚 100 美元，也开始时不时接到品牌方的电话，问能否给她寄点衣服，发些穿着他们衣服的照片。就是在这时候，她做了些研究，才发现拓展一个照片墙账号背后还有一整套策略。于是她和安东尼晚上熬夜阅读，听播客，学习网上营销。正是在读完《出击！》后，他们发现博客不仅可以被当作一项有趣的爱好，更可以发展为真正的事业。

从那时起，她开始向品牌方收取发帖费用。一开始，一条在标题里提及品牌的照片墙帖子收费 100 美元。如果那个品牌只是想要出现在标签里，就只收 50 美元。当电话那头的人表示讶异："哦？只要 100 美元？"她就知道自己开低了价钱，于是她提高到每条帖子 200 美元。直到有一天，一个知名的珠宝行给她发了电子邮件，提议让她写一篇博文和一条照片墙帖子，费用为 1 000 美元。

泽维尔还不是一个经验丰富的网红，但她足够聪明，知道公司的第一次报价几乎总是低于它最终愿意支付的费用。

她再次提高了收费，很快，她每天赚得就和她那份保险营销工作一样多，甚至更多了。她对比了三个月的收入，开通博客一年半后，她辞去了白天的工作，这样她就可以社交，接受更多品牌会议和新款尝鲜的邀约了。在那里她也认识了其他的博主，他们很乐意解答她的问题，帮她计算她的身价。在丈夫的建议下，她也开始在博客上展露更多的个人心声。她首先发布的是一篇题为"我退出"的帖子。观众的反应非常激动，特别是那些需要关于创建博客的建议的人。她开始每周发布博客建议。第一篇博文《我如何在 5 步内创建博客》仍然是她阅读量最多的帖子之一。

如今，泽维尔有了一个经理，协商她的费用，帮她争取品牌工作，但她还是会标出自己穿的品牌，她也只会发出自己真正热爱和相信的品牌。这个博客已经从纯时尚拓展到了一个生活方式品牌。泽维尔经常出公差，但她利用这个机会，在旅途中创作旅游的内容，拍摄自己在喜欢的、觉得观众可能会欣赏的酒店、景点和餐厅的场景。出于这个原因，她与许多酒店品牌建立了良好的关系。现在，她和家人独自旅行时，他们的住宿通常都是免费的。她还经常受邀参观新度假村或酒店的开业典礼，这样她还可以和读者们分享经历。

2016 年 5 月，安东尼也辞职了，他在一篇题为"他也辞职了"的博文中宣布了这项决定。他们尽量在白天拍完所有的照片，这样女儿放学回家后就有时间陪她了。海顿的生活也发生了改变。她爸爸出席了学校的每一个活动，她再也不用去托儿所了。有时品牌会要求布列塔尼和海顿拍照，尤其是为了亲子或母亲节的推广活动。遇到这种情况，泽维尔就会提高费用，再把其中一部分收入存到为海顿开的一个账户里，她就把这笔钱当作对 10 岁女儿金融素养的启蒙。

数不清的最后期限，停不下来的工作机器，他们肩上承担着巨大的压力，连度个短假都不行。"我已经连续四年每一天都重复同样的事情了：拍照、录视频、写文案、思考未来的趋势。"但有个宝贝女儿，让他们做一切事情时都保持专注。

一个孩子意味着泽维尔拒绝的工作比很多其他生活方式博主多得多。选择并不总是容易的。

我拒绝了知名珠宝行的一份很棒的邀约。他们想要我去参加一个时长为两小时的晚宴，把现场分享到照片墙和脸书上。这份邀约的酬劳比我之前那份全职工作三个月的薪水还要多。至于发帖要求，这可能是我预约过的最简单的工作了，但我已经答应了海顿，要和她去萨克拉门托参加学校的郊游。我简直要愁坏了，但我必须保持专注。我一直这么辛苦，不就是为了能和海顿去参加各种旅行，能陪伴她成长？总还会有其他工作的！

时尚和生活方式博客圈的竞争非常激烈，但泽维尔仍然认为新人还有空间。"就算市场饱和了，如果你创造出独特的方式，有自己的风格，你绝对可以在人群中脱颖而出。品牌总是在物色新的面孔。他们还把更多资金投到'网红营销'中去，因为他们看到了博客的转化率比电台、电视广告更高，他们无法追踪电台、电视广告。但是通过博客，他们能够准确地追踪链接的来源和转化率。"

"品牌的胃口肯定更大，那些不加入联盟计划、没有开展营销活动的品牌都在思考如何分一杯羹。"事实上，数字广告的销售额预计将在 2017 年底超过全球电视广告的销售额。[2]

在屏幕前，泽维尔和她家人的生活看起来似乎毫不费力，但她表示很惊讶，居然有那么多人不知道打造一个成功的博客和照片墙账号需要付出多少心血。

> 很多人写信问我："我写了一条帖子，但没人读。我应该怎么做才能提高阅读量呢？"我说："你都没有坚持下去。"我干其他工作的时候，周末和晚上都还在忙活。我不和朋友出门，也不去参加聚会。我们就待在家里，等女儿睡觉后用电脑工作。这需要大量的写作和调查，光注册是没用的。头一年我都没赚几个钱，可能一个月就 100 或 200 美元。这不算什么。但人们通常表示不理解。他们说："为什么看不到任何回报，你还能坚持干一年？"我在阅读量上看到了回报，我的粉丝数也在增加，这让我受到了鼓舞。但对于那些注册博客就一心为挣钱的人来说，以这种方式开头，太难了，因为他们对自己所做的事情没有激情。你必须热爱你的事业。

十四 | 播客（Podcast）

（参考中文平台：喜马拉雅、懒人听书、荔枝 FM）

播客是天赐之物，原因有二。

1. 大多数人在镜头面前放不开。他们觉得自己看起来傻乎乎的，不是担心自己的头发、眼镜啊，就是担心妆容，还对灯光挑三拣四。这些都不是什么大事，但足以让他们分心，无法集中注意力，为观众提供最好的体验。播客就没这么让人望而生畏了。

2. 播客的卖点就是时间。这就是为什么所有人，包括在镜头面前毫不怯场的人都应该注册一个账号。在现在这个节奏超快的世界里，能同时处理多个任务就是王道，**而一边查看电子邮件和支付账单，一边听播客，可比一边看视频容易得多。**此外，截至 2014 年，美国 1.39 亿通勤者从工作地点往返的时间花费了 296 亿小时。[1] 大量通勤时间都是待在车上，司机看不了视频（目前情况）。但是，他们可以方便地听听播客。在信息时代，播客让我们可以有效、高效地吸取最多的知识。

2014 年 10 月我就开通了播客，那段时间前后，美国国家公共电台创作的系列播客《美国生活》轰动一时，将播客一举推向主流。但事实是，我没有听从自己的建议。当时我心有余而力不足，无法为一个平台创作另一份原创内容（是的，就连我有时也会达到极限）。所以我能做的，就是把"问加里·维"节目的音频放上去。结果没有很差——商业区排名前 25 的播客里总是有我的名字——但我知道，假如能获得更多关注，我还能做得更好。2016年 12 月，我终于想出了办法，把播客重新命名为"加里·维音频体验"，这让我如释重负。我不再专门发布"问加里·维"的内容，而是在登机时用手机录一下自己的牢骚，从我的演讲中节选一段，或摘录"每日维"中没有播出的一段音频，再发布出去。增加音频的多样性和创意有利于大幅提升播客的知名度。如今我的博客稳稳地占据了苹果排行榜的前 150 名。有些听众之前完全没听过我的内容，也有的已经在其他频道关注了我。不管怎样，播客给了我另一种方式去分享内容，传播影响，帮助人们逐渐创造自己想要的生活。

播客入门

　　无论你要把音频上传到声田①、苹果播客、声云②、缝纫机③，还是其他播客传播平台，你几乎无法区分它们。你可以在声田和声云上投放广告，但费用非常昂贵。此外，写到这里时，想要在各大播客平台上建立个人品牌，除了尽力创作出最棒的内容外，几乎没有其他原创、富有创意的方式。你还必须通过你的其他社交媒体频道，和其他拥有更大平台的人建立共生关系来推广你的节目。

　　然而，好消息就是，iTunes 将会开发播客分析工具，这样播主就能清楚地看到人们在哪里暂停、跳过或退出内容了。这种工具非常珍贵，有助于你更快地学会如何服务受众的需要，更好地剪辑内容。

情景设想

　　假设你是一个名叫布兰奇的 75 岁老奶奶。你最好的朋友叫朱迪。你俩一直形影不离，自小就在同一条街长大，住得从来没有离彼此几英里远过。你们加起来一共抚养了 6 个孩子，结过 3 次婚，埋葬过 1 个丈夫，旅行过 12 次，养了 11 个宠物。在过去的十年间，你们只有唯一一次错过了每月固定的电影约会和露比星期二的午餐，因为朱迪得胆结石住院了。

---

① 声田（Spotify）是一个正版流媒体音乐服务平台。
② 声云（SoundCloud）是一个音频分享服务平台。
③ 缝纫机（Stitcher）是一款手机广播，可以订阅播主和节目。

一天晚上，在进影院看《神奇女侠》之前，你们在派对买糖果。朱迪说她觉得凯瑟琳·特纳①演得最好的可能是她给杰西卡兔②配的音。又来了。你喜欢和朱迪去看电影的原因之一就是你们很少会对一部电影的优点意见一致，随之你们会对吃汉堡还是薯条争论不休。但这一次，她让你措手不及。你高挑的眉头都要深入发际线了。"比她在《寻找宝石》《普里兹家族的荣誉》《佩吉·苏结婚了》里面的表现还要好？"朱迪坚持己见。拌嘴时，你能听到后头有人在咯咯地笑话你们。有人说，"他们就是现实版的希克尔和埃伯特③"。

你突然灵光一闪。看完电影后，你和朱迪去了当地 RT 电视台，选了你最喜欢的一个安静的角落，但在你们交流彼此对于《神奇女侠》的看法前，你掏出了苹果手机，打开了音频备忘录。你记录下了你们的对话。你回了家，第二天，你打电话给侄子，他有一个关于肌肉车④的播客。你问他你应该怎么把"磁带"上传到网上。他温柔地告诉你，你需要把 MP3 文件上传到播客平台上，如果你能等的话，他很乐意在周末告诉你几个简单的步骤，教你怎么使用注册必需的基本工具。如果你等不了，他说，你可以在网上找到你需要的所有信息。"只要谷歌搜索一下怎么上传播客和传播内容。"你决定等一等，但同时，你给朱迪打了电话，告诉她你下周还想去看电影。

就这样，"布兰奇和朱迪秀"开播了。在这个影评播客中，两

---

① 凯瑟琳·特纳（Kathleen Turner）是美国演员，配音员。
② 杰西卡·兔（Jessica Rabbit）是《谁陷害了兔子罗杰》里的一个卡通美女角色。
③ 希克尔和埃伯特（Siskel and Ebert），两人主持着同名影评节目。
④ 肌肉车（Muscle cars）是双门大马力的高性能美制跑车。

位上了年纪的女士分享她们对新老电影的看法。你们的人格魅力、深厚的友谊和强烈的吸引力震撼了听众。影片开播前，你们会在影院录下各种话题的对话，比如你坚定地认为葡萄干是对葡萄的侮辱，朱迪总是想起以前会有引座员把女士领到座位上。你们让 2018 年变成了独一无二的一年。影片结束后，你们还会采访四位从影院走出来的观众，记录下他们的看法。

短短的三年时间里，你们的播客跃升到苹果排行榜的前 150 名。这个播客是你们的支柱平台，但你们也在上面发布微内容。朱迪的幽默感很适合用来引用，于是你们创作了模仿秀，发布到脸书和照片墙上。你在推特上和人们互动，在那里提高播客的影响力。你们俩还接受了《娱乐周刊》和《综艺》的采访。渐渐地，每周你都越来越难走出家门了——你的背部总发疼，躺在懒人沙发上才是最舒服的——但没关系，因为那些电影制片厂会提前把电影发给你和朱迪看。源源不断的品牌推广机会，轻松覆盖了你所有的生活成本，你还高兴地得知，除了你和丈夫一辈子的积蓄，你有远远更多钱留给下一代了。

我如何全力出击

约翰·李·杜马斯，激情创业者

IG：@JOHNLEEDUMAS

"我正在小隔间里慢慢死去。"

听起来熟悉吗？

如果你还年轻，还在读书，这是不是你极力想要避免的局面？

"我的内心充盈着满满的创造力，却一点都发挥不出来。我感觉我几乎快要被溢出的创造力窒息而亡，因为我必须西装革履，穿着非常正式。一切都是黑白相间的，而我的生活需要一些色彩。"

一直到 32 岁，约翰·李·杜马斯的人生都像苹果派一样传统。他是两个退伍老兵的孙子，军法署署长的儿子，"服务国家"的观念根植于他的血脉之中。1998 年，他获得了陆军预备役军官学校奖学金，离开了缅因州，去罗德岛普罗维登斯学院主修美国研究。毕业整整一周年时，作为"9·11"恐袭事件后第一批获得任命的军官，他开始在伊拉克服役 13 个月。在重返平民世界之前，他服了四年的现役。他可是要成为任期四年的预备队队长的人，却不知道应该怎么安排自己的未来。

他上过法学院，但六个月就辍学了。随后他在企业财务部门工作了几年，但当他看到职位比他高的那些人，他明白，自己不想要干他们的工作。冥冥之中他有一种感觉，他注定要创业，但他不知道创业真正需要什么，甚至不知道如何开始。于是他开始阅读自助和商业书籍。2009 年，《出击！》才出版一个月，他就读完了，这本书激励他辞去了金融工作，搬到了圣地亚哥（此前他从未去过），成了一名房地产经纪人。

他坚持了三年，仍然觉得这份工作不太合适他。但他每年都要反复地读《出击！》，在 2012 年，他终于有了思绪。我强调过，不管你在哪一行业工作，你都必须建立个人品牌。他发现自己完全没有做到这一点。他有一个脸书主页，但甚至没有在领英或推特上注册任何专业身份。于是他明白，必须马上做出改变。

另一件引起他注意的事物就是播客。他并不太确定播客是什么，于是他决定去研究研究。他发现播客是免费的，提供了目标明确的内容。所有自助书籍和有声书都变得越来越昂贵，但要建立个人品牌，他就必须听得更多。播客听起来正中他的下怀。

"就是那时，我爱上了这个媒介。我变成了一个超级消费者。八个月来，我尽可能多听播客。让我惊讶的是，天哪，我每天都要开车上班，每周都去几次健身房，我需要找到一个一周七天都更新的采访创业者的节目，谈谈他们的失败、得到的教训和成功的时刻。于是我到 iTunes 上搜索这样的节目，居然找不到！我心想，这简直令人难以置信。怎么没人开设这样一个节目呢？"

他根本没有任何制作或采访的经验，又该怎么办呢？"我想，好吧，如果我要办一个日更节目，我得尽快上手才行。所有那些人办的都是周更节目，每个月只更新四集，而我一个月得出 30 集。我要涉足这片空白的市场，开发它，但我实在太差劲了。我要把音频缩短到合适的时长，然后你可以收听今天的播客，再回到第 15 集，就会发现受访者居然不是同一个人。当时我真的太差劲了，我很慌张，也很无知。但我就按照这个思路去做，而且每天都更新。"

他可不仅仅是打开麦克风就开始讲话。相反，他仔细研究，深入 YouTube，吸取其他播客提供的所有免费的内容和建议，还找到了两位导师。令人不安的是，两人都强烈建议不要办日更节目，他们解释说自己赚的所有钱都不是来源于播客，而是其他渠道。办了日更节目，就参加不了所有其他活动了。但杜马斯唯一拒绝的就是这条建议。

"我心想：'你不明白。我都这么差劲了，如果还照搬其他人的套路，没人会听的，结果好不到哪里去。我必须做得与众不同，独一无二。我必须创作出让别人眼前一亮的东西。'"

这两位导师拥有强大的线上人脉资源，为杜马斯定下第一次访谈提供了宝贵的帮助。他们没有直接把他介绍给 A，但很乐意把他介绍给 B、C、D，这些人还在培养受众，出版书籍，很渴望和新手分享他们的故事，换取更多的曝光。

听起来似乎杜马斯比一般人更有自信。然而，虽然他坚信每天更新播客——边学边做——是创作优质内容的最好方式，虽然他早期的嘉宾名气相对较低，却也收到了公众即时积极的反馈，但杜马斯发现自己陷入了冒牌者症候群①当中。他要找谁来一对一地交谈呢？但他还是继续坚持，努力克服自己的怀疑和恐惧。

> 我单枪匹马开启了创业之旅，这是铁的自制力，可以追溯到我的军旅生涯。但单凭自制力并不能让你实现什么。除自制力外，我还需要提升两个方面，就是生产力和专注力。"只有自制力"的人确实能一天到晚地工作，但万一他们创作出的内

---

① 冒牌者症候群（Imposter Syndrome）是指"认为自己不配拥有所达到一切成就、自己所处的状态、所得到的关爱，认为自己是个冒牌货"的状态。

容不对呢？这就是生产力必须发挥作用的地方。你是不可能持续地产出正确的内容的，除非你屏蔽了我口中所称的大规模分心武器。

2012 年 9 月，他推出了播客"激情创业者"。他的嘉宾们将访谈和他们基数庞大的观众分享，他的播客开始出现在 iTunes 新星榜中。这双重效应让他的博客在两个半月内，就吸引了超过十万次的单次下载。他开始收到会议的邀请，从而有了更高的信赖度。随着粉丝人数的迅速增加，他开始接触大牌人物，如刚发布新书的塞斯·戈丁[①]和蒂姆·费里斯[②]、芭芭拉·科科兰[③]，当然还有加里·维纳查克。

现在他准备好探索变现名气的方式了。他咨询了他的观众，问他们想要什么，并听从了他们的想法。

我非常清楚地发现，如果你愿意长期提供有价值的免费内容，你会从中建立起粉丝群。如果你愿意和观众一对一互动，问他们："你在烦恼什么？"再用心倾听，他们会告诉你，他们

[①] 塞斯·戈丁（Seth Godin）是 altMBA、Squidoo 以及 Yoyodyne 等多家公司、网站的创始人，因为 21 世纪市场营销的洞见在业内被推崇为营销大师。

[②] 蒂姆·费里斯（Tim Ferriss）被美国《快公司》杂志评选为"具有创新精神的商业人士"之一，并被《财富》杂志评选为"40 位 40 岁以下的精英人物"之一。

[③] 芭芭拉·科科兰（Barbara Corcoran），一名演员，后转型为纽约房地产女王。

的痛处、障碍、挑战和挣扎是什么。然后你，他们熟知、喜欢、信任的你，这么长时间一直提供免费、持久而有价值的内容，就可以以推荐产品、服务或社区的形式给他们出出主意。

他做到了。和帕特·弗林一样，他每个月都会公布公司从各收入流中所得的收入的明细，每月总计可达 20 万到 30 万美元。他还分析了公司的成功模式，以便让他人效仿，还有犯的所有错误，包括造成的金钱损失，这样人们就可以避免犯同样的错了。

尽管已经好几次成为百万富翁了，杜马斯每年依然要读《出击!》。

我常常听到的一个词是"抢滩"（landgrab）。我想，这就是许多人错过的一点。人们一直说："约翰，你太幸运了，播客什么都不是的时候，你就抢占先机了。现在是播客的黄金时代，你顺利'抢滩'了。"他们说得完全正确，我进驻的时机是完美的。这需要爆棚的运气和绝佳的时机，但他们忽略了一点，新兴事物永远层出不穷。但他们没有给予关注，他们只会盯着过去，而色拉布转眼就出现了，随之而来的是照片墙故事区，现在又捧红了脸书直播。永远都有下一个"抢滩"的机会，抓住机会，成为"抢滩"的那个人。是的，我在很多细分市场都被看作"播客之王"，因为仅仅覆盖播客的版图，我已经成功建立了价值七位数的商业王国。但自从我创建播客以来，陆陆续续有人成了"潜望镜①之王""色拉布之王""照片墙之王"。我刚玩播客时，这些玩意儿还没出现呢。当人们说："约翰，我错过播客的那班船啦。"我就会答："是的，但你还会错过其他平台的那班船。"所以，我从《出击!》中学到的，并将持续影响我的就是：时刻关注趋势变化。

---

① 潜望镜（Periscope），流媒体直播服务运营商。

15

十五 | 语音优先（Voice-First）

（参考中文平台：小爱同学、小度）

这可能是我最喜欢的章节。大多数读者即使没有体验过，也听说过本书中提及的各大平台。但在撰写本书时，你们很少人会坐下来思考："我的 Alexa 技能①是什么？"但你们应该好好想想这个问题，因为我们马上要谈及一项科技创新，我完全确定这项创新会颠覆整个世界对内容的消费模式。它叫语音优先（Voice-First），现在所有要建立个人品牌的人都必须尽快、尽早地了解一下。它的平台就等于尚未被发觉的加州马里布②海滨地产，类似于 2006 年的推特、2010 年的照片墙和 2012 年的色拉布。

我每天都要博取关注，最近我对人们在一天的过渡节点都关注些什么特别感兴趣，尤其是在家的这三个时间点：早上起来后的十

---

　　①　Alexa 是亚马逊旗下的技能（skill）开发平台，数十万的技能开发者通过技能开发实现盈利。

　　②　马里布（Malibu）位于洛杉矶西部，是一座美丽的滨海城市，拥有 21 英里太平洋海岸线。马里布最出名的是温暖怡人的沙滩，其漫长的海岸线也是好莱坞明星们购房置业的首选。

五分钟、下班回来后的十五分钟、晚上入睡前的十五分钟。这些都是过渡节点。这是我们盘点、更新和计划未来几个小时生活的时刻。我们很忙，所以想快点计划好。以前你要掏出一支笔，一张纸，写一份待办事宜，打开收音机，甚至查看一下应用。现在呢，你什么都不用做，说话就行。

我们安静下来的大段时间里，播客就会占据我们的脑海，比如开车或旅行的时候。语音优先的平台允许我们在生活空隙和时间间隔之中填满自己的大脑，这些闲暇瞬间通常都湮没在容易遗忘的活动中，比如刷牙、分类邮件、查看手机通知。2016 年，谷歌透露，其移动应用和安卓设备上 20% 的搜索都是通过语音完成的。[1]这个数字将会快速上升，而你将会迎来一个惊人的机遇，可以确保你的品牌紧跟潮流而声名远扬。

到目前为止，关键玩家有两个：亚马逊 Alexa，通过设备回音（Echo）播放；谷歌助手（Google Assistant），通过设备谷歌主页（Google Home）播放。微软、苹果、三星等公司正各自准备发布自己的平台，但目前只关注这两大平台就可以了。我从 Alexa 入手，发布了一个叫"加里·维 365"（GaryVee365）的 Flash 简报技能（Flash Briefing Skill）。Flash 简报就是一条简短的报告，向用户提供简洁关键的信息。我的简报每天都能激励我。新闻订阅平台 The Skimm 的简报将自己的失败当作当日头条来报道；在线知识资源网 eHow 的简报展示了日常生活窍门。把这两个和其他新闻平台添加到你的 Flash 简报列表中，当你想要听新闻时，要么说

"Alexa，给我读读我的 Flash 简报"，要么问："Alexa，新闻说些什么？"你就会听到一个又一个最喜欢的新闻频道。

其他技能提供更多互动体验。启用《今夜秀》（*The Tonight Show*）技能（不是 Flash 简报），你可以播放吉米·法伦①最新的独白，拿到《今夜秀》最新一期的嘉宾名单或他最新的感谢信。感谢信是《今夜秀》里的热门环节，吉米会感谢从果酱饼下到瑞恩·高斯林②在内的一切事物。我可以开发一项叫"加里·维纳查克荐酒"的技能。无论你说你要吃什么，这项技能都能给你推荐三款搭配的红酒，你还可以直接在这上面下单购买，像 Drizly③ 或 Minibar Delivery④ 等第三方酒类快递服务，还有我家的红酒店"酒库"会直接送货上门。

语音优先的发展让我们看到了人们对速度的极致上瘾。这个世界瞬息万变，我们想要与时俱进。假如阅读通知，或查看应用，或通过语音优先收听相同的信息，从而解放我们的双手，同时处理多个任务，三者选其一，我们一定会选择最后者。就像第一代洗衣机和咖啡机面世时一样，语音优先平台可以省时间。一旦大众意识到这一点，他们就会蜂拥而至。做好准备，耐心等待这一天的到来吧。

---

①　吉米·法伦（Jimmy Fallon），美国主持人、演员、制片人，主持过《周六夜现场》。

②　瑞恩·高斯林（Ryan Gosling），加拿大演员、导演，主演过《恋恋笔记本》《爱乐之城》《银翼杀手 2049》。

③　Drizly 是美国的一个酒类电商，位于波士顿，最早是款按需订购的酒类 App。

④　Minibar Delivery 是一家酒品销售平台，酒类供应商可以在该平台上对库存和商品价格进行后端管理，消费者可以根据酒的种类、品牌进行选购。

你的 Flash 简报可以将一个小时的播客精简到一分钟，将八分钟的视频或流直播（live streams）浓缩成一分钟的音频，将照片墙上的美照提炼为一分钟的精选。无论你是为谷歌还是亚马逊，或是为两者而开发这个技能，你都为人们创造了巨大的价值。虽然各大品牌已经开发了无数技能，但大多数技能提供的体验基本相同。对于那些足够聪明，可以想出新点子的人来说，这个领域一目了然。朋友们，抢占先机，争取成为消费者每天早上必不可少的一部分吧。很快，随着越来越多品牌涌入这些平台，要赢得人们的关注就会难上加难了。不要放过这个时机，别让大家伙吞掉这块便宜的地盘。请立刻放下这本书，去开发你的技能。你每天的一分钟音频可能会促使人们在早上通勤的时候，关掉美国国家公共电台或经典摇滚，打开你的播客。

技能入门

▶ 保持超级简短的内容。

▶ 本地化。不要像我管理原创播客一样，把播客平台上的视频转成音频就算了。根据人们收听的出发点来剪辑你的内容，提炼出可以快速理解，方便消化的信息。"嘿，Alexa 用户们……"

▶ 内容的质量能有多高就多高。别把你的技能当作垃圾填埋场，这一点我都强调不出究竟有多重要。从其他内容里收集碎料就不会浪费，这很棒，但请仔细地研究每一条音频，运用你的想象力和创造力，精心雕琢新作品吧。

你知道取消订阅一封电子邮件的过程有多烦人吗？首先，你要费劲地拉到电子邮件的底部，找到"取消订阅"按钮，随后会弹出一个方框，问你"确定想要离开"，"愿意分享原因吗"。你必须跳过这个方框。最后，确定你已经取消订阅后，它还会通知你，必须等上几个工作日，电子邮件才不会发过来。

在语音优先的情况下，一旦人们对你的内容失去兴趣，他们只要说"Alexa，移除某某某的 Flash 简报"，嘭，一切都完了，你连犯错的余地都没有，更没有时间为音频太长了、质量太低了而生气。去吧，记录你学习如何雕琢内容的过程——你可以将所有这些材料进行剪辑，用于其他内容——但无论你要发布的是什么片段，确保内容精简而紧凑。在进门前，你必须做到绝对的精准，否则三秒钟内，你就会被拒之门外。

语音优先服务将会成为通讯行业的一大支柱。等到本书面世，亚马逊 Alexa、谷歌助手、苹果 Siri 或其他平台将会在车里和我们交谈。还记得吗，这温馨的一幕：在开车的时候，我们突然想起了以前很爱唱肯尼·罗杰斯①的《女士》，一抵达目的地，就下载了他最热门的歌曲（因为我们不可能在开车的时候下载，对吧?）。很

---

① 肯尼·罗杰斯（Kenny Rogers），美国乡村歌手、摄影师、唱片制作人。

快，我们根本不需要等那么久才能放一首歌，或把车停在路边，在地图应用上输入地址。我们只要告诉 Alexa 我们想让她干什么，她就会照做。一边开车一边发信息最终会成为陈年旧事——除非我们实现了无人驾驶。

技能进阶

没有技能进阶版。这项功能太新颖，我们才刚确定最佳实践案例。如果你发现了亮点，在这个领域里探索到了令人兴奋的各种可能性，希望你能和我分享。请@garyvee，联系我吧。

我的直觉是，到 2020 年，所有对语音优先这一领域蠢蠢欲动的品牌都会蜂拥而至，你追我赶，力争脱颖而出，教人们怎么做曲奇、配对红酒、提升棋艺和清理地毯。这也将会是我们信手拈来的资源。我们在车库更换机油时，不再需要找出汽车指南，或用谷歌搜索"如何换机油"。我们直接喊一声"告诉我怎么换机油"，放在架子上或挂在墙上的语音优先科技产品就会询问我们驾驶的车型，一步一步地引导我们更换机油。现在我们只在家里的一两个房间里放这类产品，但在未来，无论我们去哪，都将离不开它。

情景设想： Alexa 技能

假如你名叫马洛，是一个 49 岁的礼仪教师。你以前认为你会教孩子礼貌谈话和欧式用餐风格的细微之处，但随着时间的推移，那些招了千禧一代员工的公司迫不及待地想要填补教育的空白，都纷纷慕名而来购买你的服务。他们对规范的礼仪一窍不通，尤其是跨国业务和正式事务。你的生意做得不错，就是久而久之，一切都有点一成不变。

一天早上，你去男朋友家，你听到他让 Alexa 给他读新闻。一个逼真的人声读出了早间头条、天气、体育统计数据、当日趣闻，全都来自不同的媒体渠道。

当日趣闻？那才不算新闻，不过是为了让你知道更多罢了。

有了！

在接下来的几周里，你录下了你能想到的所有礼仪问题的答案。在正餐用餐桌上如何折叠餐巾纸？我应该邀请老板参加我的生日晚宴吗？最好的破冰问题是什么？如何礼貌地结束鸡尾酒会的谈话？我可以穿黑色运动鞋配黑色西装吗？你可以问你的手机这些问题，但你在网上查"如何开发一个 Alexa 技能"，发现几英里外就有一个可以帮你录制音频的演播室。你上传了你的 Alexa 技能"礼仪专家"，告诉了你的顾客们，并上传到所有的内容频道上。最后，你添加"行为号召"，引导人们顺藤摸瓜，找到你发在网上的其他内容，这样他们就会发现原答案的加长版、来自其他专家的客座帖子、最搞笑尴尬的失态访谈分享。

情景设想：Flash 简报

假设你叫约翰尼，是一个 37 岁的园丁。你的品牌"约翰尼的景观艺术"每年净赚约 20 万美元。你决定要提高品牌知名度，因此推出了 11 个 Flash 简报：约翰尼每日庭院提点—1 区、约翰尼每日庭院提点—2 区，等等。一年中的每一天，你都提供全国各地的季节信息，帮助园丁更好地打理他们的院子，为 11 个基于地区最低温度的美国农业部认证植物硬性区专门创作内容。[2] "今天是 4 月 21 日，春天已经来了。4 区该给春季鳞茎施肥了。9 区的朋友们，我想让你们考虑一下种柑橘。6 区，连翘已经盛开了，尽快修剪一下，不然明年就打不了苞了。"在亚马逊上，你还是做这一行的第一人，你确实非常擅长农事。你对工作的热忱和幽默的天性让园丁和屋主们感到温暖和阳光，于是他们把你的 Flash 简报添加到早晨的播放清单中。

与此同时，西雅图的伊维特正负责管理 Alexa 技能商店。她很无聊，每一个 Flash 简报讲的都是千篇一律的新闻啦，科技啦，天气啦，运动啦之类的废话，等等。这个"约翰尼每日庭院提点"是什么？嗯，这倒是不太一样，不错。于是她把其中一条音频放到了技能主页上。

而这，这就是为什么你要在 Alexa 上创作内容。脸书和苹果大力追捧社交网络游戏和应用，而亚马逊则大力追捧技能和 Flash 简报。它们会投放广告，提高这两个新产品的知名度。你能想象你的声音作为最棒的 Flash 简报案例之一，在全美范围内播放吗？苹果选用了菲斯特①的《1234》作为 2007 年 iPod Nano 的广告曲，你也

---

① 菲斯特（Leslie Feist），加拿大歌手。

有可能成为下一个幸运儿。

接下来我要说的非常重要。你知道，我一直都劝你们，我让你们做的所有事情都很艰难，需要耐心对待。但这次不用。Flash 简报刚出现不久，还是一件新鲜事物，现在你创建自己的简报，不用多少工夫和时间，很快就会被发掘。但是，五年后情况就不一样了。五年后，人人都会拥有自己的 Flash 简报，不拼命营销赚点曝光率，你很有可能就此被埋没。五年后，你将会失去这一宝贵的时机。别等了。

你知道你身上会发生什么奇迹吗，约翰尼？你的 Flash 简报被挑中，进而一炮而红。你突然收到了密苏里州辛迪的一封电子邮件，问你是否对出售这个全美知名品牌的特许经营权感兴趣。两年内，你年收入为 20 万美元的园林绿化业务每年可以从全国各地七百人手里拿到 2.5 万美元。

顺便说一句，礼仪专家马洛除了开发技能之外，也应该效仿这个做法。一年她应该录 365 个礼仪问题解答音频，一天一个。你知道吗？即使是在数字年代，工作面试结束后，你仍然应该送去一封手写的感谢信；而"礼仪"（etiquette）这个词来源于法语"ticket"（门票）一词，因为国王路易十四试图劝阻游客们踩踏他的花园。[3] 她必须这么做，理由很简单，因为时至今日，想要在互联网占据一席之地的成本仍然非常低，她做得到的。不要做马里布 2017 年的首位购房者，要做那该死的托马斯·杰弗逊，以每英亩 3 美分的价格，只花了 1 803 美元就买下了刘易斯安那州大约 80

万平方英里的土地（此处略过他对久居在那片土地上的印第安人的迫害不谈）。

高瞻远瞩

我在撰写这本书期间，亚马逊宣布它仅以 134 亿美元收购全食超市①。我们一觉醒来，看到这个新闻，郁闷极了，怎么会发生这种见鬼的事？绝对不应该发生的。全食超市买下亚马逊还差不多。20 年前，全食超市的规模比亚马逊大得多。当你的公司比其他人的大那么多，又拥有那么多优势，你应该永远都不会落于下风才对。如果你输了，那说明你对手的创新能力比你强。

对于那些把精力集中在他们觉得有最高投资回报率的地方，认为自己不必投资所有平台的人，我会骂他蠢。我想起一些在 2004 年大受欢迎的博主。当时他们站在新的前沿，置身于聚光灯下，但他们忽视了 YouTube、播客和推特的兴起，现在已经变得无关紧要了。他们发现了一些行之有效的套路，宁愿坐享其成，也不愿虚心若"愚"，与时俱进。**他们对传统媒体嗤之以鼻，后来自己却成了传统媒体。**

我们对这种情况司空见惯。ESPN 衬托得《SI 体育画报》②特别老土，《露天报道》的发展正让 ESPN 变得过时，《高脚凳体育》

---

① 全食超市（Whole Foods Market）于 1978 年成立于美国得克萨斯州的奥斯汀。2017 年 6 月，亚马逊宣布，将以每股 42 美元的现金收购全食超市。

② 《SI 体育画报》（*Sports Illustrated*）于 1954 年创刊，当今全球发行量最大的美国体育杂志。

又使《露天报道》显得守旧。梅西百货、无线电室①、沃尔沃斯②、淘儿唱片③、诺基亚……它们如日中天，它们止步不前，它们日落西山。这与今时今日那些大红的品牌并无不同。如果有一天我们听到拉夫·劳伦④申请美国联邦破产保护第 11 章或 GQ⑤ 不复存在了，我们也会惊掉下巴。现在，吸取教训吧：所有人都身处同一场博弈中。如果你做不到时时刻刻都处于进攻状态，不管你有多成功，终有一天你会步步退守。

你必须朝前看。我已经盯紧了马可·波罗⑥、锚点⑦、课后⑧这三个公司和增强现实（AR）、虚拟现实（VR）、人工智能（AI）这三种新技术。你知道未来会发生什么吗？终有一天，每个人的头顶都会悬着一个小球，记录下他们所有的言行。我对上帝发誓，这一天一定会到来。也许你的身体里将会被嵌入一个相机。我不知道具体怎么操作，但我知道，终有一天，记录生活中的时时刻刻会变得习以为常。你可能觉得这听起来很糟糕，甚至很可怕，

---

①　无线电室（Radio Shack）是美国信誉最佳的消费电子产品专业零售商。
②　沃尔沃斯（Woolworth's）是澳大利亚第二大零售商。
③　淘儿唱片（Tower Records）是美国唱片公司，最兴盛时全世界都有分店。但随着数字音乐以及盗版的流行，实体唱片逐渐迈向夕阳产业。
④　拉夫·劳伦（Ralph Lauren）是美国经典时装品牌，在全球开创了高品质时装的领域。
⑤　《GQ》是 2009 年康泰纳仕主办的杂志，内容着重于男性的时尚、风格、文化，已成为全球男士时尚代名词。
⑥　马可·波罗（MarcoPolo Learning）是一家基于移动端的幼儿视频教育公司。
⑦　锚点（Anchor）是一家播客制作、出版和货币化服务公司。
⑧　课后（After School）是 2014 年成立于美国旧金山的科技教育公司。

但想象一下，假设你现在能看到你的外祖母呢？你看着她从一个年轻的女子，到爱上你的外祖父，养育自己的孩子，养育你的妈妈，或开始一份新工作，这并不像看电影，而像亲身步入她的世界，伴她度过一生。科技就是这么真实。我说的问题不是一个假设，而是一个定论。

我对 Alexa Flash 技能所倾注的激情就跟对推特和 YouTube 的一样多，当时还是 2008 年，我正在撰写此书的母本《出击！》，人们还不知道我在说什么。现在一说到推特、照片墙、YouTube，他们就懂了，但他们不会采取下一步行动，不去尝试和试验，就光看着我做。他们不该这样，而应该和我一起，为了自己，不断地去尝试。

你不应该向我求助，问我接下来该怎么办。你观察到了什么？我所做的，不过是看向前方，观察哪个平台吸引了人们的关注，改变了他们的行为。如果我发现这种趋势持续了很久，我会观察得更仔细，更长久，然后就开始执行。这也是你必须做的事情。我并没有先见之明，只是比你更有耐心。

我如何全力出击

安迪·弗里塞拉，MFCEO 项目

IG：@ANDYFRISELLA

安迪·弗里塞拉这个人看起来好像可以捏柚子一样捏爆你的

头。对于干他这一行的人来说，这是件好事。他浑身肌肉虬结，脸上还留着一道以前刀伤造成的模糊疤痕。他是两家致力于健身与健康的公司的创始人兼首席执行官——实际上，是 MF 首席执行官，你猜猜 MF 代表的是什么。他博览群书，偶然间发现了《出击！》这本书。他经常在亚马逊上买新出的书，不管听没听过它们的好评。他觉得能从这些书里学到一两个有用的知识点或发人深省的想法，他的时间就没白花。《出击！》面世时，安迪已经在业内打拼了十年。他在密苏里州拥有实体店，名叫"补给超市"（Supplement Superstores，简称 S2），售卖运动营养产品。虽然有 8 家分店，S2 和大多数公司一样——原地踏步。生意不错，但算不上好，安迪一年肯定拿不了 5 万美元回家。这么点钱，只够一个单身汉付租金，时不时外出享用一顿晚餐。但安迪刚和生意搭档克里斯·克莱因开第一家商店时，就已经野心勃勃了。安迪一直都在尝试创业，挨家挨户卖棒球牌、雪锥，甚至灯泡。他喜欢赚钱，所以无法让生意快速增长时，他很沮丧。虽然他没有赚到理想中的收入，但也总比替别人干活儿好。不管怎样，他没有想过放弃，去找一份"正经工作"。因此安迪决定，如果他并不打算干别的，就必须专注自己当下享受的这份事业——帮人们创造属于自己的故事。光顾他的商店的顾客们会在半年后再回来，他们利用买回家的知识和产品，对自己进行了翻天覆地的改造。有些已经减了一百磅，许多人极大地改变了自己的生活。

　　于是安迪加倍努力，服务好顾客，确保他们离开商店时，感受到了自信，配备了所有实现目标的必备品。商店流量立刻回升了。

大家都能一眼识破拙劣推销。不管一个销售人员有多圆滑、得体、光鲜，顾客总能看穿他的伪装。我们都懂的。所以，当你发现一个真正关心你的人，你察觉得到差别。顾客从对话里、在他们的心中都能感受得到。但这份心意必须出自真诚，否则也不管用。

正是这时，安迪发现了《出击！》，这本书也谈到了关心顾客，谈到了专注于你所能为他人提供的，而非专注于自身。这是一个关键点，他增强了自己的直觉，并确定自己正朝着正确的方向发展事业。

我热衷于赚钱，这拖了我很长时间的后腿。我太想要赚钱了，我关心的只是赚钱，正如大部分正要创业的人一样。当你一心想着钱时，你就不会考虑如何更好地服务客户。但当我转变焦点，开始优先考虑客户而非自己时，情况就有了转机。我并不是非常热衷健身，我不是一个健身狂人。我健身，保持好身材，但这只是我工作中的一部分，好让我能做其他事情。我真正充满激情的是，开启人们的成功故事。

安迪和克里斯重新分配了大部分营销预算来改善店内客户交

易。他们免费分发 T 恤，雇用额外的工作人员来向人们提供营养方面的建议。他们把一些雨伞放在门边，下雨时人们可以顺手带走。简而言之，他们提供的客户体验与大多数人习以为常的完全不同。

他们的生意翻了一倍，每年翻一番，连续五年。

最终，他们增加了广告和营销预算。"广告应该用来加快传播顾客的故事。人们发现了我们，加入我们的大家庭，留了下来，并介绍给自己的朋友。如果他们传播的不是好的故事，那么广告再多，都只会加速品牌的衰亡。"

2009 年，安迪和克里斯开了另一家公司"第一形式"，打造补充品的高端品牌。安迪终于发现了有些原则对商业成功至关重要，这家公司一开始就是围绕这些原则来建立的。

建立"第一形式"的营销策略简单又通俗——关心顾客，给予他们想要的，甚至更多，然后创造机会，让他们容易和别人分享自己最棒的体验。这就是社交媒体亮相的时候。安迪已经玩了很久的脸书，但并没有把它运用到位。现在他采取了一种战略性的方法，不再发一堆他家狗的照片（虽然安迪的狗仍然在屏幕上待了很长时间，而且也值得如此），而是侧重创作有价值的内容，创造一个让粉丝聚集的地方。他也尝试了推特，但总是很难把全部想说的话压缩到 140 字，所以虽然@1st Phorm 粉丝不少，他却很少互动。他称色拉布为"启发性"的工具，因为它让世人看见现实生活中创业者的幕后工作，但他承认，现在自己用得较多的是照片墙故事区。至于照片墙，他的做法与该平台上通常最有效的做法完全相反（结果效果极佳——他拥有超 60 万粉丝）。

我发布照片、视频，配上超长的标题。我一开始这么做时，人们告诉我——"噢，没人想看这些鬼东西"，但显然，他们想看。社交媒体嘛，我觉得更多的是做真实的自己，找到最适合你做的事情，而不是人云亦云，随波逐流。其实就是找到行得通的路子，再一直做下去。

两家公司的总销售额从 100 万美元增长到 1 亿美元。安迪预测 2018 年将超过 2 亿美元。

随着他的品牌和事业不断拓展，人们开始留意到安迪懂得其他创业者不懂的事情。媒体找上门来，想要知道他的故事。他分享得越多，人们想知道的就越多。他约见了作家沃恩·科勒。沃恩建议他出一本书。他准备好了，于是两人坐下来，进行了一系列的采访。他们把这些会议录了下来，安迪觉得有些片段可能会成为照片墙和脸书的好内容。果不其然："人们开始疯了，有个十五秒的片段浏览量居然高达两三百万！"

每次发帖后，安迪都会收到人们发来的消息，问他哪里可以听到完整的播客，所以安迪觉得，最好还是创建一个播客。2015 年 6 月，他和科勒开始共同主持 MFCEO 项目，这是一个关于商业和成功的励志播客。第一集首映，播客的排名就冲到了第一，自那天起，该节目在 iTunes 的管理和营销类播客中一直名列前 50 名，每月的下载量为 150 万次。安迪的人物形象和充满激情的分享让他自然地融入了演讲界，各类邀请开始纷至沓来。他非常喜欢公开演讲，每一个机会都欣然接受，"无论观众只有五个人，还是五千人"。有时，当他深受感动而演说时，他甚至不收费；有时一个演讲活动他就能得到 5 万美元的酬劳。

2017 年春季，他推出了 YouTube 频道"弗里塞拉元素"（Frisella Factor），在上面回答他的播客听众发到电子邮箱里的问题。

安迪花了十八年时间才站到了他现在所处的位置，他羡慕年轻一代的创业者，他们永远都不会明白无法用鼠标一点就能连接更大的世界是什么体验。不过，他也觉得，年轻一代最好记住，有些特定价值观和商业惯例是亘古不变的。

我的旅程比原本应有的长了许多。我们在前社交媒体时代创办了第一家公司，通过口碑建立起一切，而第二家公司诞生于后社交媒体时代。所以我们经历过两个时代。我们成功的原因就在于，我们在前社交媒体时代吸取的教训适用于后社交媒体时代；你要做的，不过是正确使用这些工具，加快口碑的传播。但如果你现在开始创业，花了十七年时间都不温不火，那么你脑子肯定有问题。你能立刻接触到人们，并立刻获得反馈。我们花了数月甚至数年时间才搞清楚的事情，现在你可以随手拈来。你分分钟都能接触到世界各地的人们。现在创业的孩子们多幸运。

　　但他们也受到了束缚。他们太过依赖社交媒体、点赞、分享和私信了，不够关注面对面的互动。但创造客户体验就是来自面对面的交流，孩子们。你懂的，看到他的眼睛亮起来，看到他笑了，看到他伸出手来和你握手，说"非常感谢你帮我，我真的很感激"，这都是你在网上体会不到的。除非他们可以度过这一阶段，不然他们总会主动找你的。这也是为什么你看到那么多人都开发出可以销售的产品，却创建不了真正象征某物的品牌。如果你能把两者联系起来（玩转社交媒体的技能和富有共情及关怀的面对面互动），你才真的掌握了个中精髓。

结　语

经常有人问我，《出击！》面世这么多年以来，我都学到了什么。答案是：我是对的，社交媒体同样可以开创事业。创新会让人不安，我们什么都应该密切关注，就是不应该关注他人的想法。总有人想要把你打倒。没有耐心和毅力，天赋就毫无价值。成功需要大量的努力，最终突破并成功的人都是充满耐心、坚持不懈、执着追梦的人。

我想让你找到你的勇气，一往无前。就在某个地方还有中年工程师、单亲家庭的灭鼠人，或者想要上学的百货公司销售员，他读着这本书，心想，伙计，我真他妈讨厌这份工作。但我喜欢比萨，我要创建一个 YouTube 频道，成为下一个马雷欧·巴塔利①。人们会觉得这真是个荒唐的念头，正如我写《出击！》时，大家都觉得我荒唐。虽然这称不上乐观，但一点都不荒唐。实践是检验的标

---

① 马雷欧·巴塔利（Mario Batali），美国知名厨师，获评 2002 年和 2005 年美国最佳厨师。

准。在写《出击！》时，我基本上只是写了自己为在新泽西州开一家红酒店做了什么。但现在写这本书时，我已经是苹果首个原创节目的评委了。

我希望这本书可以激励你，改变你的人生。经常有人和我说，想成为我。我宁愿你成为你自己，但如果你真的想成为我，那么就别再像个创业的愣头青似的，开始采取实际行动吧。如果你付诸实践了，这将会是你看的最后一本商业书。成功确实会优先眷顾某些人，但如果你热爱生活，遵循自己所感知到的天赋，你将会往正确的方向走去。坚持到底，勇敢是值得的。如果对你有帮助的话，请把我当作一个盾牌，让我为你挡住所有负面信息和消极情绪吧。相信我，我听过各种各样的批评，也扛过各种各样的辱骂。我曾不得不无数次捍卫我的立场，面对他人的失望。我接受了所有的打击，如今不仅屹立不倒，甚至比以往更坚强。他们对你的指点，没有我没经历过的。如果我都能承受，那么你也能——假如你想成功的决心足够坚定的话。

请记住，你并不是在将按部就班的工作换成一种更轻松的生活——成为企业家和网红绝非易事。你换来的是一种不同的生活，一种更自由、更有趣的生活。查德·柯林斯（Twitter：@chadcollins）把成功归功于《出击！》。因为《出击！》，他和7岁的女儿乔迪创建了YouTube频道，由此建立了市值七位数的公司，并举办了两个打破吉尼斯世界纪录的粉丝节（Fan Festival）、乐高积木展（LEGO Brick Fest）和"我的世界"（Minefaire）官方体验会。柯林斯曾极度排斥创业，因为他知道这有多难。"我在一个创业家庭长大，事情进展顺利的话，一切都很棒，但一旦出了差错，情况就一落千丈。于是我故意选择去打工。"但他并不甘心当一个"内部创业者"（intrapreneur），一看到有机会过上梦想中的生活，他就奋不顾身地去追求。他相信不管女儿会走上哪一条路，这段经历都会为她的成功奠定基础。"《时代》儿童版采访了乔迪，并把她放在官网的主页上。自 9 岁起，她就在各大活动中做乐高冷知识展示，她自己制作 PowerPoint，并游刃有余。见证了频道的诞生，她知道，无论自己想做什么都可以做得到。她和我儿子都目睹了频道的成长。只要她保持已有的自信，无论做什么，都充分发挥自信，她一定会成功的。"是的，她会的。任何愿意冒险，并将这些原则铭记于心的人都会的。拜托，试一试吧，就算不是为了自己，也要为了那些在注视着你、希望你快乐的、你爱的人去试一试。

你知道我们在这场比赛中的排名吗？我们还没听见国歌，连停车场都还没走到呢。我等不及要看又一个九年后，我们在谈论哪些平台。我一点都不害怕将来。追忆过去的生活有多轻松和缓基本上已经成了一项国民运动。人们怀疑我们是否牺牲了一些不可替代的东西，甚至可能改变了人类的状态，因为我们越来越痴迷于速度和生产力。我并不担心这一点，因为我们只是在做我们一直做的事，我们可能生来就该做的事。**我们鼓吹怀旧之风，但行动却出卖了我们。**美国还有多少 13 岁以上的人没有手机？恐怕没有。只要我们还存在，人类就会继续接纳任何给我们带来极致速度和便利的发明和创新。如果你选择接纳，你不会失去你的灵魂。事实上，如果你是一个真正的创业者，你反而会找回你的灵魂。

致　谢

　　五，一直都是我最喜欢的数字。因此正值第五本商业书出版之际，特别重要的是，我要感谢我在世界上最珍惜的团队——我了不起的妻子，利兹；我的孩子，米莎和桑德；我了不起的父母，萨沙和塔玛拉；还有我的手足和姻亲。

　　我之所以能过好这一生，是因为你们赋予了我深厚的爱意和坚定的支持。我从心底里感激你们。我想要大声地感谢整个"加里·维"团队，他们为这本书贡献了辛勤努力和专业知识，还有那些每天陪伴在我身边的人，他们的才华和心意造就了今日的维纳媒体。此外，我非常感谢哈珀商业出版社的整个团队，尤其是我的编辑霍利斯·海姆鲍奇先生。

　　最后，如果没有我的左膀右臂斯蒂芬妮·兰德，任何一本书都不可能出现在这世上，她协助我完成了这五本书。她不只是一个代笔者，她还是我的朋友。

注　释

引 言

［1］ Claire Martin, "Feel the Noise: D.I.Y. Slime Is Big Business," *New York Times*, June 25, 2017, p. 6.

［2］ Sam Gutelle, "Karina Garcia, YouTube's 'Slime Queen,' Is Heading on Tour with Fullscreen," Tubefilter. com, July 7, 2017, www. tubefilter. com/2017/07/07/karina-garcia-youtubes-slime-queen-is-heading-on-tour-with-fullscreen.

一 路在自己脚下

［1］ Feliz Solomon, "YouTube Could Be About to Overtake TV as America's Most Watched Platform," Fortune. com, Feb. 28, 2017, fortune. com/2017/02/28/youtube-1-billion-hours-television.

［2］ 脸书受众分析。

［3］ 脸书受众分析。

［4］ Snapchat, October 17, 2017.

［5］ "CMO Survey: Social Media Spending Falls Short of Expectations," Duke University Fuqua School of Business, news CrushingIt_9780062674678_FINAL_EB1211_CC17.indd 267 12/11/17 1:09 PM release, Aug. 23, 2016, www.fuqua.duke.edu/news_events/news-releases/cmo-survey-august-2016/#.WPYg 6I4kqV5.

［6］ Zachary Crockett, "The 10 HighestEarning YouTube Stars Made $70.5 Million in 2016," *Vox*, Dec. 9, 2016, https://www.vox.com/culture/2016/12/9/13894186/highest-earning-you tube-stars-2016.

［7］ Madeline Berg, "The World's Highest-Paid YouTube Stars 2015," *Forbes*, Oct. 14, 2016, https://www.forbes.com/sites/maddieberg/2015/10/14/the-worlds-highest-paid-youtube-stars-2015/#2f1cb6b53192.

［8］ Bianca London, "How Much Are YOUR Instagram Posts Worth? Users with 1,000 Followers Could Net £ 4,160 a Year by Promoting Brands (and Anyone with 100,000 Can Earn More than a Lawyer)", DailyMail.com, Nov. 12, 2015, www.dailymail. co. uk/femail/article-3313864/How-Instagram-posts-worth-Users-1-000-followers-net-4-60-year-promoting-brands-100-00-earn-lawyer.html.

［9］ Todd Campbell, "What's the Average Income in the United States Now?" *Motley Fool*, Mar. 24, 2017, https://www. fool. com/investing/2017/03/24/whats-the-average-income-in-the-united-states.aspx.

［10］ Peoplestaff225, "Julie Andrews: Losing My Voice Was 'Devastating,'"

People. com，Mar. 20，2015，http：//people. com/movies/julie-andrews-sound-of-music-star-opens-up-about-losing-her-voice.

[11] Natt Garun，"CNN to Start a New Media Brand with YouTube Star Casey Neistat," *Verge*，Nov. 28，2016，www. theverge. com/2016/11/28/13762792/ cnn-beme-shut-down-casey-neistat-new-startup.

三　第八个关键要素——内容

[1] Rich Roll，"Finding Ultra,"RichRoll.com，www.richroll.com/finding-ultra.

[2] Camille Lamb，"Rich Roll，Vegan Ultra-Athlete，Recovered from Alcoholism and the Standard American Diet," MiamiNewTimes. com，Oct. 27，2012，www. miaminewtimes. com/restaurants/rich-roll-vegan-ultra-athlete-recovered-from-alcoh olism-and-the-standard-american-diet-6572006.

[3] Adam Skolnick，"A Brutal Competition，Island to Island，in Sweden," NewYorkTimes. com，Sept. 5，2017，https：//www. nytimes. com/2017/09/05/ sports/a-brutal-competition-island-to-island-in-sweden.html？_r = 0.

[4] 同上。

五　全力出击，你只需要做这件事

[1] Sarah Ward，"How Hard is the LEED exam？ Harder than Passing the Bar?" *Poplar*，March 14，2014，https：//www. poplarnetwork. com/news/how-hard-leed-exam-harder-passing-bar.

八　音乐吧(Musical.ly)

[1] Biz Carson，"How a Failed Education Startup Turned Into Musical. ly，the Most Popular App You've Probably Never Heard Of," *Business Insider*，May 28，2016，www.businessinsider.com/what-is-musically-2016-5/.

[2] Musical.ly Quick Stats，accessed Sept. 18，2017.

[3] Anthony Ocasio，"TV Success Rate：65% of New Shows Will Be Canceled (& Why It Matters)," ScreenRant.com，May 17，2012，http：//screenrant.com/tv-success-rate-canceled-shows/.

九　色拉布(Snapchat)

〔1〕　Snapchat，October 17，2017.

〔2〕　DJ Khaled，*The Keys*，Crown Archetype，November2016，p. 122，https://books. google.com/books? id = cpWxCwAAQBAJ&q = p + 122♯v = onepage&q = 122&f = false.

〔3〕　Jenna Goudreau，"What Men and Women Are Doing on Facebook," *Forbes*，Apr. 26，2010，https://www. forbes. com/2010/04/26/popular-social-networking-sites-forbes-woman-time-facebook-twitter.html.

十一　YouTube

〔1〕　Google-commissioned Nielsen study，"YouTube User Stats from Brandcast 2017: 3 Trends in Video Viewing Behavior," May 2017，https://www.thinkwithgoogle.com/consumer-insights/youtube-user-stats-video-viewing-behavior-trends.

十二　脸书(Facebook)

〔1〕　Seth Fiegerman，"Facebook Tops 1.9 Billion Monthly Users," CNN.com，May 3，2017，http://money.cnn.com/2017/05/03/technology/facebook-earnings/ index.html.

〔2〕　"The Top 20 Valuable Facebook Statistics—Updated November 2017," Zephoria Digital Marketing，https://zephoria.com/top-15-valuable-facebook-statistics.

〔3〕　Michelle Castillo，"Mark Zuckerberg Sees Video as a 'Mega Trend' and Is Gunning for YouTube," CNBC. com，Feb. 1，2017，www. cnbc. com/2017/02/01/mark-zuckerberg-video-mega-trend-like mobile html.

〔4〕　Mat Honan，"Why Facebook and Mark Zuckerberg Went All In on Live Video," *BuzzFeed News*，Apr. 6，2016，https://www. buzzfeed. com/mathonan/why-facebook-and-mark-zuckerberg-went-all-in-on-live-video? utm _ term = . fdwpA8ZBM ♯. tlGzWbZG7.

〔5〕　Jon Fingas，"Facebook Will Court 'Millennials' with Its Original Videos," *Engadget*，May 24，2017，https://www. engadget. com/2017/05/24/facebook-original-video-shows.

〔6〕　Kurt Wagner，"'Chewbacca Mom' Was the Most Popular Facebook Live Video This Year by a Mile," *Recode*，Dec. 8，2016，CrushingIt_9780062674678_FINAL_EB1211_ CC17. indd 270 12/11/17 1: 09 PM https://www. recode. net/2016/12/8/13870670/facebook-live-chewbacca-mom-most-popular.

〔7〕　Brad Tuttle，"'Chewbacca Mom' Has Gotten ＄420，000 Worth of Gifts Since

Facebook Video Went Viral," *Money*，June 3，2016，http://time. com/money/4356563/chewbacca-mom-facebook-gifts-disney-college.

［8］ Eun Kyung Kim，"'Chewbacca Mom' Now Has Her Own Action Figure Doll! Here Are the Details," *Today*，June 20，2016，https://www. today. com/popculture/chewbacca-mom-now-has-her-own-action-figure-doll-here-t99426.

［9］ "Zondervan Signs 'Chewbacca Mom' Candace Payne for Multi-Book Deal," HarperCollins Christian Publishing，Jan. 17，2017，https://www. harpercollinschristian.com/zondervan-signs-chewbacca-mom-candace-payne-for-multi-book-deal.

［10］ Candace Payne's Facebook page，accessed June 2017，https://www. facebook. com/candaceSpayne/posts/10213133991364822.

十三　照片墙(Instagram)

［1］ Josh Constine，"Instagram Launches 'Stories,' a Snapchatty Feature for Imperfect Sharing," *TechCrunch*，Aug. 2，2016，https://techcrunch.com/2016/08/02/instagram-stories.

［2］ Jeanine Poggi，"Global Digital Ad Sales Will Top TV in 2017，Magna Forecast Predicts," *Ad Age*，Dec. 5，2016，http://adage.com/article/agency-news/magna-digital-ad-sales-top-tv-2017/306997.

十四　播客(Podcasts)

［1］ Christopher Ingraham，"The Astonishing Human Potential Wasted on Commutes," *Washington Post* Wonkblog，Feb. 25，2016，https://www. washingtonpost. com/news/wonk/wp/2016/02/25/how-much-of-your-life-youre-wasting-on-your-commute/?utm_term = .e28807a0ade3.

十五　语音优先(Voice-First)

［1］ Greg Sterling，"Google Says 20 Percent of Mobile Queries Are Voice Searches," Search Engine Land，May 18，2016，http://searchengineland. com/google-reveals-20-percent-queries-voice-queries-249917.

［2］ planthardiness.ars.usda.gov

［3］ Richard Duffy，"Manners and Morals," introduction，Emily Post，*Etiquette: In Society*，*in Business*，*in Politics and at Home*（Funk & Wagnalls，1922），www. bartleby.com/95/101.html.